Füssing bis Ende der 50er-Jahre

1938 bis 1960
Lesebuch mit Interviews und Fotos

AnneMarie Rogmans

© 2019 AnneMarie Rogmans, Darmstadt-Alsbach

Mail: amr.lebenswerke@gmail.com

Herstellung und Verlag: BoD – Books on Demand, Norderstedt

ISBN: 9783750424159

SPURENSUCHE

Warum ein Buch über das Füssing der 50er Jahre – werden Sie fragen. Schließlich ist die Geschichte der Therme ja weithin bekannt: Erbohrung der Quelle 1938, 1950 dann die Anerkennung als Heilquelle mit einer späteren Erschließung und kurmedizinischen Nutzung.

In diesem Buch sollen weniger die Archivschreiber zu Wort kommen, als vielmehr diejenigen, die damals dabei waren. Dieses Buch ist den ganz persönlichen Erinnerungen der Zeitzeugen gewidmet und den großen Hoffnungen auf eine bessere Zukunft. Der dornenreiche Weg soll nicht vergessen werden, genauso wenig wie das Staunen darüber, dass fast alle Erwartungen übertroffen wurden.

„Ich will nicht der ‚Große' sein", meinte Josef Holzapfel noch ein paar Tage vor seinem Tod m Juni 2008. „Ich habe ja auch Fehler gemacht."

Apropos: Einzelne Stationen werden mehrfach erzählt aus verschiedenen Perspektiven. Die vorkommenden Personen vertreten jeweils eigene Standpunkte. Diese können – müssen aber nicht – mit anderen übereinstimmen.

Füssing in den 50er-Jahren

Spurensuche 5

Heilquelle am Unteren Inn 9
  Standort in der Pockinger Heide 9
    Entdeckung der Therme...11
    1946-1948 Nutzung der Quelle 13
    1949-1952 Badeanstalt im „Schlammbad" 15
    1952-1953 Das Balneologische Institut........................21
    1953 Weichenstellung mit Weitblick 22
    Die „Thermalbad Füssing GmbH" 24
    1955 Neubeginn...25
  1950-1955 Füssing konstituiert sich.............................. 26
    Gemeinde Safferstetten 26
    1953 Der 1. Schritt – Anschluss an das Straßennetz 27
    Fremdenverkehrs-Ausschuss wird Fremdenverkehrs-Büro 27
    Gründung des Zweckverbands.......................................34

Die Zeitzeugen 36
  1945 Konrad Gansmeier (geb. 1934)............................ 36
    Schulfrei in Safferstetten..36
    Unterwegs...37
  1949 Josef (1919-2008) und Maria (1922-1983) Holzapfel......41
    Auf der Suche nach den heißen Quellen 41
    Barackenzeit..42
    1951 Es geht langsam aufwärts....................................45
    1953 Existenzsicherung 47
    1954 Immer mehr Besucher – und endlich ein richtiges Hotel 51
    1955 Die Nachbarn...55
    1955 Run auf die Rechte..61
    1959 Das „vollendete" Hotel Holzapfel 61
  1950 Paul Kaiser (1900-1974) „Wie ich Füssing fand" 63
    Alles einfach – aber sauber 66
    Wunderheilung 67

1952 Über Jendo Rosenfeld (geb. 1925) 69

Alfons Haßfurter (1900-1985) „Füssinger Mineralwasser" 71
   Der große Coup am 15. Juli 1955 72
   1957 Weichenstellung und Neu-Eröffnung 73
   Dr. Alfons Haßfurter (geb. 1945) erinnert sich 76

1954 Der „Füssinger Hof" 78
   Luzia Miesgang (geb. Schönberger) erzählt 78
   Arbeit – Arbeit – Arbeit 79

1955 Erwin Voelter und das „Kurhotel" 89
   Trudy Voelter-Zink erzählt...90
   „Wir sind im Hotel groß geworden" 90
   1961 Die neue Generation 92

Auf Spurensuche mit Altbürgermeister Gnan 95

Anhang – Dokumente und Zeitungsartikel 97
   1947 97
   1952 98
   1953 99
   1958 103
   1960 106

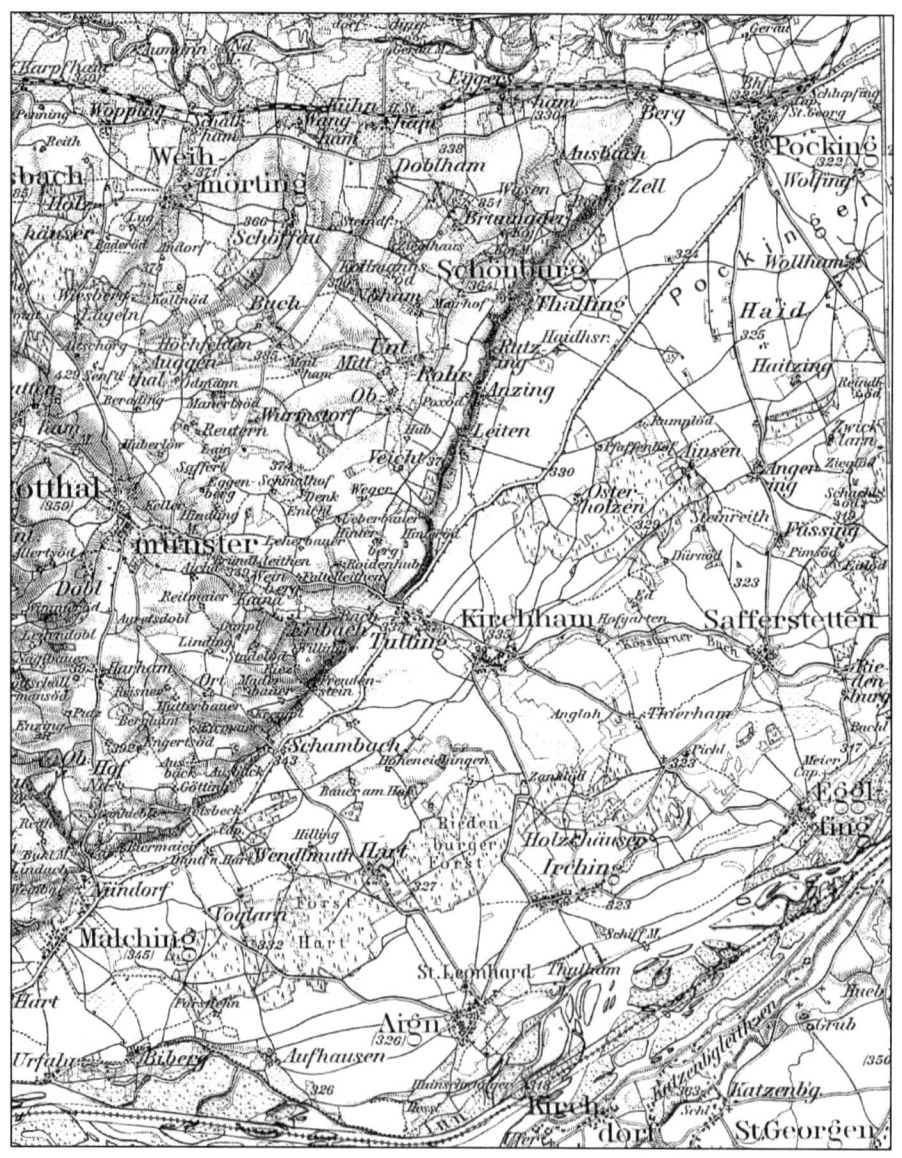

Quelle Vermessungsamt Vilshofen

8

HEILQUELLE AM UNTEREN INN

Standort in der Pockinger Heide

Das Inntal ist ein geschundenes Land, wahrscheinlich hat sich aus diesem Grund seine besondere natürliche Urwüchsigkeit und Schönheit erhalten.

Der Inn entspringt im Gebirge und suchte sich seinen Weg: Alles, was in das Mahlwerk des reißenden Flussbettes geriet, wurde geschliffen, gerundet und zermalmt. Regelmäßig trat der Inn über die Ufer, überschwemmte Felder und Wiesen (bis in Ende der 50er Jahre). Dabei brachte er fruchtbaren Lößboden, Kiesel und glitzernden Flusssand mit sich.

Anfang des vergangenen Jahrhunderts begannen die Anwohner, sich dieser unbändigen Kraft zu bemächtigen und bauten Kraftwerke in das Flussbett. Immerhin kannte man noch bis Ende des vergangenen Jahrhunderts die Zeiten der Schneeschmelze, wenn im Mai und Juni das Gletscherwasser flussabwärts donnerte, milchig-graugrün. Wild und ungestüm ist der Inn sonst kaum mehr. Die Hochwasser sind seltener geworden, und man muss schon die Pegel an der Innpromenade in Schärding aufsuchen, um einen ehrfürchtigen Schauer vor dieser immensen Naturgewalt zu bekommen.

Funde belegen, dass das Land zu Seiten des Unteren Inns zu den schon seit frühester Zeit besiedelten Gebieten gehört, doch Blütezeiten und Niedergänge sind nicht wirklich erforscht. Hier an der alten Heeresstraße lebten die Vorfahren vom Salzhandel, von Fischerei, Viehzucht und vom Ackerbau: Man kannte Raubzüge, Zwangsrekrutierungen und Frondienste, kämpfte mit Witterungseinbrüchen und nachfolgenden Hungersnöten – und immer wieder mit der Pest.

Einzelne „große Bauern" bestimmten das Alltagsleben der Häusler und das politische Geschehen. Wer immer hier geboren wurde, war anspruchslos und fleißig. Man war genügsam, fügte sich in die Jahreszeiten und in das, was Gott gab. Man kannte sich und diejenigen, mit denen man das wenige, was einem beschieden war, teilen musste und beäugte Fremde und Zugereiste misstrauisch bis ins dritte Glied. Viele versuchten „in die Stadt" zu kommen, zu studieren oder ihr „Glück" anderenorts zu finden. So gesehen, dürfte die rasante Entwicklung von einem 38-Einwohner-Weiler zum heute anerkannten Spitzen-Kurort in nur 70 Jahren eine einmalige Ausnahme sein – und wirklich „ein Wunder".

Bohrturm und Mannschaft Februar 1938

Entdeckung der Therme

Nach dem 1. Weltkrieg geriet Deutschland, geknebelt durch die Versailler Verträge wirtschaftlich gesehen in einen Strudel, der das ganze Land ergriff. Die Weltwirtschaftskrise (Arbeitslosigkeit) ließ Hitler an die Macht kommen, der das Land von Anfang an auf einen neuen Krieg vorbereitete. Zunächst aber brachte er große Teile der Bevölkerung hinter sich, indem er konsequent dafür eintrat, Deutschland wirtschaftlich zu stärken – Devisen zu sparen und das Land unabhängiger von teuren Importen zu machen, z.B. mit dem Bau von Wasser-Kraftwerken und der Suche nach eigenen Ölquellen.

Daher fanden 1938 im ganzen Land, auch in verschiedenen Teilen Bayerns, Bohrungen statt. So auch in Füssing, einem Weiler mit 6 landwirtschaftlichen Anwesen (und 38 Einwohner), der zur Inn-näheren Gemeinde Safferstetten gehörte, aber landwirtschaftlich gesehen mit wesentlich ärmeren Böden der Pockinger Heide vorlieb nehmen musste. Die Bayerische Mineralöl-Industrie (BMI) pachtete im Mai 1937 eine Wiese der Bäuerin Mathilde Wimmer, die als Witwe in Füssing mit ihren beiden Töchtern einen 70-Tagwerk[1]-großen Hof bewirtschaftete.

Es kam zu einer Bohrung in der Pockinger Heide, weil die damaligen Untersuchungs-Methoden mit dem Echolot noch nicht in der Lage waren, Öl und Wasser zu unterscheiden. Dort stieß man am 8. Februar 1938 auf heißes Wasser, das in einer Fontaine herausschoss. Die Nachbarn und Anwohner, die durch das entsprechende Getöse zusammengelaufen waren, fürchteten das Schlimmste und gerieten in Angst und Panik. Doch bald darauf ließ Direktor Emil Gundermann – der das Unternehmen leitete – das Bohrloch wieder schließen, denn Hermann Göring untersagte das heilbad-mäßige Auswerten der Quelle. Man hatte inzwischen andere Interessen, denn Karlsbad, Marienbad und die österreichischen Badeorte galten als „Deutsche Bäder", und dazu wollte man keine Konkurrenz aufbauen.

---

[1] Etwa 24 ha nach bayerischer Rechnung (1 Tgw = 0,3407 ha)

1947 Ein Viereck wurde ausgehoben für das spätere Freibad

1947 Das erste Thermalbad Füssing

1946-1948 Nutzung der Quelle

Kurz vor Kriegsende verlobte sich Franz Ortner im Frühjahr 1945 (Hochzeit 1946) mit der Tochter der Wimmer-Bäuerin, Mathilde – inzwischen Eigentümerin des Quellen-Grundstücks. Franz Ortner suchte nach Einnahmemöglichkeiten und überlegte, was mit dieser Quelle anzufangen sei, die inmitten der Wiese beim Mähen störte. Er öffnete den Verschluss und nutzte das Wasser zunächst zum Reinigen seiner Geräte.

Bald ließ er Nachbarn, Freunde und Bekannte – gegen 10 Pfennig – baden, was ihm den Beinamen „Zehnerlbauer" einbrachte. Diese „Badeanstalt" wurde immer bekannter und beliebter – was einem Nachbarn sehr missfiel. So wendete sich Josef Glaßner am 4.09.1946 schriftlich an den Landrat, ob denn sicher gestellt sei, dass Ortner ein Gewerbe angemeldet habe: Täglich kämen durchschnittlich 100 Badegäste, von denen jeweils 0,50 RM Eintritt verlangt werde.... Ortner hatte sich am 13.09.1946 beim Polizei-Posten in Würding zu verantworten und gab zu Protokoll: „Ich gebe zu, ein Zehnerl genommen zu haben, aber den ganzen Sommer über habe ich nur 250 RM bekommen..."

Zu dieser Zeit wollte die BMI das Bohrloch schließen und die Quelle zubetonieren, doch da meldete sich die amerikanische Militärregierung bzw. die UNRRA[1]. Diese hatten inzwischen auf dem Fliegerhorst (Ausweichflughafen) Waldstatt ein Auffanglager für Juden aus ganz Europa eingerichtet, die hier auf ihre Ausreise nach Israel warteten. Als David Pearl, der Direktor der UNRRA im Lager Waldstatt, von der heißen Quelle hörte, ließ er sogleich das Wasser prüfen und untersagte im Juli 1947 (siehe Seite 99) allen Anwohnern und Einheimischen das Baden. Er erklärte die Quelle zum „Pearl-Bad" und zum ausschließlichen Gebrauch für das Lager Waldstatt.

Daraufhin ließ die BMI nach den Wünschen der amerikanischen Verwaltung ein Badehaus für die UNRRA errichten, mit höchst einfachen Badewannen und spartanischen Dusch- und Umkleidemöglichkeiten für Männer und Frauen. Die Bauarbeiten führte die Firma Meier aus Rotthalmünster aus. Ortner behauptete sich in seiner Funktion als Eigentümer des Grundstücks und führte – nach Weisung von Direktor Gundermann – die Regie vor Ort.

---

[1] **U**nited **N**ations **R**elief **R**ehabilitation **A**dministration, Hilfs- und Wiedereinsetzungsstab der UN

Nun wurde ein Viereck ausgehoben, natürlich in Handarbeit (Seite 12) und vergrößert. Da es im Lager Waldstatt früher eine Flug- und Landebahn gegeben hatte, dienten diese Betonplatten nun dazu, das Badebecken auszukleiden.

Da haushaltsübliche Badewannen nach dem Krieg einfach unerschwinglich waren, sorgte der pfiffige Ortner für Ersatz: Er holte große, übrig gebliebene Kanalrohrteile aus dem Lager Waldstatt, legte sie mit der Öffnung nach unten auf den Boden und stattete sie innen mit einer gemauerten Sitzmöglichkeit aus – fertig waren die ersten „Sitzbäder".

Leider stellte sich heraus, dass die Röhren weder stabil noch bruchfest waren. Ortner musste mit seinem Pferdegespann etwa 60 Stück[1] herbeischaffen, um schließlich 30 davon verwenden zu können – über die Hälfte ging zu Bruch.

Ein Außenbecken vervollständigte das Angebot.

---

[1] Siehe Ernst A. Stapfer „Bad Füssing und seine Geschichte", Seite 152

1949-1952 Badeanstalt im „Schlammbad"

Umbauten

Im April 1949 gab die UNRRA die Füssinger Quelle zurück an die BMI, weil das Lager Waldstatt nun geschlossen wurde: Die Insassen waren heimgekehrt. Die BMI investierte aufs Neue: Das Badegelände wurde eingezäunt, die Baracken grundlegend renoviert und die Anlagen verbessert, zusammen mit Ortner und dem Bauunternehmen Lex. Nach der Währungsreform erhoffte man sich neue Möglichkeiten zur Nutzung des warmen Wassers – und erhöhte den Eintritt (20 Pfennige).

Im Sommer 1949 kamen immer mehr Badegäste. 1950 errichtete die BMI ein zweistöckiges Gebäude, das im Erdgeschoß Umkleideräume, in den beiden oberen Stockwerken Verwaltungs- und Arzträume vorsah. Ortner erhielt nun eine monatliche Pacht in Höhe von 400 DM – die er bar ausbezahlt bekam – und die Zahl der Badegäste stieg und stieg.

15

1950 Thermal-Badefreuden im Winter ...

... und im Sommer

1951 Bademeister Bauhuber vor der Therme – rechts: Dr. Drexl mit Assistentin

Weihnachten 1953 bekommt das Thermalbad endlich eine automobil-gerechte Teerstraße

Badebetrieb

Bereits am 28. Juni 1950 erteilte das Bayerische Staatsministerium nach ersten ausführlichen Untersuchungen die staatliche Anerkennung als Heilquelle:

> „Auf Grund der vorgelegten Analyse, dem Gutachten des Staatlichen Gesundheitsamtes Griesbach, sowie der Berichte und Stellungnahme des Leiters der physikalischen Therapie und Röntgenologie der Universität München und des Leiters der Deutschen Forschungsanstalt für Lebensmittelchemie können für die Thermalquelle bei Füssing die Voraussetzungen zur Anerkennung als öffentlich genutzte Heilquelle als erfüllt angesehen werden.“

Daraufhin erhöhten sich die Besucherzahlen nochmals deutlich. Auf Nachfrage teilte Herr Weidinger von der Therme I die Besucherzahlen von 1949 bis 1952 mit und erläuterte wie folgt:

	Badegäste	Reinigungs- bäder	Mineral- bäder	Schwimm- bäder
1949	25.102	15.461	37	9.604
1950	20.882	11.182	2.617	7.083
1951	43.948	8.892	10.344	24.712
1952	45.869	5.603	12.361	27.905

> „Diese Statistiken wurden nur vorgefunden. Mit welchen Überlegungen und aufgrund welcher Angaben sie zustande gekommen sind, ist nicht bekannt – man ist auf Vermutungen angewiesen. Die Zahlen für das Jahr 1952 betreffen das ganze Jahr und sind monatlich aufgeführt.

> In der Nachkriegszeit von 1949 bis 1952 gab es so gut wie keine Wohnungen, die ein Bad hatten. Außerdem war die Heilwirkung der Bäder noch nicht erforscht.

> Es kann deshalb angenommen werden, dass an der Badekasse nach dem Grund des Besuches gefragt wurde, bevor man unterteilte in Reinigungs-, Mineral- und Schwimmbäder.

Mit „Mineralbäder“ dürften wohl die Bäder in den Wannen gemeint sein, es könnte aber auch sein, dass die Reinigungsbäder in Wannen abgegeben worden sind und diese Gäste deswegen kamen.“

1953 bekommt das Thermalbad ein 2. Becken (hinten, für „Schwimmer")

Im Sommer 1953 feierte man ein großes Badefest mit Festzelt

1952-1953 Das Balneologische Institut

Am 1. März 1952 richtete das Balneologische Institut der Universität München eine ärztlich geleitete, medizinische Außenstelle in Füssing ein und schickte Dr. Heinrich Drexl zusammen mit einer Laborantin und einer Masseurin (bis Juli 1953) vor Ort. Das Team arbeitete in Räumen, die die BMI bereitstellte. Ab sofort gab es Angebote zur medizinischen, physikalisch-therapeutischen Betreuung der Badegäste, insbesondere aber für Patienten (ausnahmslos „schwere Fälle"), die andernorts bereits aufgegeben waren.

Hier in Füssing wurden ihnen medizinische Untersuchungen, Kuren und individuelle Behandlung zuteil. Von nun an wurde Bericht geführt. Regelmäßige Wasseranalysen vervollständigten die Dokumentationen über die Arbeit im Thermalbad Füssing. Am 1. November 1953 wurde ein Gutachten veröffentlicht, das erste Auswertungen und erstaunliche Heilerfolge aufzeigte. Diese Werte begründeten Füssings Ruf als Kurort – sie haben bis heute Gültigkeit.

Das „Chemische Laboratorium Fresenius" in Wiesbaden bestätigte, dass die Quelle mit über 50 Litern in der Sekunde als eine der größten Quellen Europas eingestuft werden musste. Die Untersuchungen des Balneologischen Instituts der Universität München (Prof. Dr. Lang, Obermedizinalrat Dr. Schnelle, Dr. Quentin, Dr. Drexl), der Universitätsklinik Frankfurt und von Oberbaurat Bach (Kurdirektor von Bad Wildbad) ergaben, dass alle Erwartungen übertroffen waren: Man hatte „Füssinger Gold" oder ein „2. Karlsbad" gefunden.

In dem Gutachten heißt es, dass das Füssinger Thermenwasser sich (ganz allgemein und laienhaft ausgedrückt) geradezu ideal zur Behandlung von Lähmungen, Folgen von Polio-Erkrankungen, Neuralgien, Bandscheibenerkrankungen, Arthrosen und rheumatischen Muskulatur- und Gelenkerkrankungen eignet.

Angesichts verblüffender Genesungen und spektakulärer medizinischer Erfolge sprach man schnell von einer „medizinischen Wunderquelle".

1953 Weichenstellung mit Weitblick

Angesichts dieser großartigen öffentlichen Bewertungen setzte die BMI weiter auf den Ausbau und investierte wiederum 25.000 DM in die Verbesserung der Anlagen. Weihnachten 1953 gab es reichlich Grund zum Feiern: Ein zweites Freibadebecken (für „Schwimmer") und alle Umbauten waren rechtzeitig fertig geworden, auch hatte man einen Badearzt gefunden, der in die leerstehenden Räume der Balneologischen Abteilung einzog: Dr. Wernher Hoenig eröffnete hier seine erste Praxis.

Vor allem aber gab es nun endlich eine Teerstraße, die eine ordentliche Verbindung herstellte mit dem regionalen Verkehrsnetz.

links: Ministerpräsident Dr. Hoegner und Gefolge besichtigen 1955 die Therme, rechts: Dir. Gundermann und Dr. Hoenig führen 1953 eine Delegation des bayer. Ministeriums (vorn links Finanzminister Zietsch, daneben MdL Pfeffer) zur Quellstube

Alle Mitarbeiter bei Übergabe der Therme im Juli 1955 mit Direktor Emil Gundermann
(im dunklen Anzug) und Badearzt Dr. Wernher Hoenig, von links: Masseur Reichelt, Bademeister Eisenreich, Bademeister Fett, 2x unbekannt, Frau Erdmann, Anna Müller, vorn
im bunten Kleid Elisabeth Bauer (Dir. Gundermanns Sekretärin), dahinter Maria Weilhard,
Dir. Gundermann, Dr. Hoenig, Inge Kreier, Agnes Reiter, dahinter Masseur Alois Baier,
vorn Richard Klose, dahinter Amalie Mini, vorn Rosa Feigl (Hanel), Frau Beck, dahinter
Traudl Deßler, vorn Berta Lanzendörfer und Gerda Jungbauer

Die „Thermalbad Füssing GmbH"

1950 verfügte Limonadenhersteller Fuchs in Unterrohr (Gemeinde Kühnham) über eine Konzession (Alleinvertrag) des BMI, Mineralwasser herzustellen. Er holte sich das Quellwasser mit einem Tankwagen aus Füssing und zahlte[1] für den Kubikmeter Thermalwasser 20 DM. Die dafür benötigten Glasflaschen kaufte er bei Alfons Haßfurter bzw. Gerresheimer Glas. Während man von nun an Alfons Haßfurter und Familie regelmäßig sonntags im Füssinger Thermalbad antreffen konnte, geriet Fuchs immer mehr in Schwierigkeiten. Fuchs bemühte sich erfolglos, das schwefelhaltige Thermalwasser zu reinigen. Als sich die Reklamationen häuften und Fuchs ganze Lieferungen „Füssinger Wasser" zurücknehmen musste, verkaufte er seine Wasserrechte zum Abfüllen von Mineralwasser am 13. Mai 1952 an – Alfons Haßfurter. Bald darauf kaufte Haßfurter in unmittelbarer Nähe des Thermalbades ein Baugrundstück und baute die Pension „Claudia", die 1954 eröffnet wurde: Im Erdgeschoss gab es im großen Hauptbau eine moderne Anlage zum Abfüllen von trinkbarem Mineralwasser, sowie zur Herstellung und Produktion von Limonaden. Leider bemühte sich auch Haßfurter erfolglos, die gewünschte Qualität zu erreichen: Der hohe Schwefelgehalt bewirkte nach dem Abfüllen Ausflockungen, die in den Flaschen hässliche und unappetitliche Schwefelfäden hinterließen.

In den Jahren 1954 und 1955 führte Alfons Haßfurter, der sich durch den Fehlschlag mit dem Abfüllen von Mineralwasser nicht abschrecken ließ, zahlreiche Gespräche mit Direktor Emil Gundermann. Bald darauf übertrug die Bayer. Mineralöl-Industrie AG am 15. Juli 1955 vertraglich die Quellrechte und sämtliche bis dahin vorhandenen Einrichtungen auf die „Thermalbad Füssing GmbH" und die Gesellschafter Alfons und Dr. Johanna Haßfurter.

Direktor Gundermann von der BMI hatte nie einen Hehl daraus gemacht, dass sein Unternehmen kein Interesse hatte, das Thermalbad in Füssing auf Dauer zu führen. Er hatte sich mehrfach vergeblich bemüht, den Freistaat Bayern als Käufer (für 260.000 DM) zu gewinnen. Als Alfons Haßfurter nun Interesse bekundete, kam der Vertrag ohne Umschweife zustande. Das Nießbrauchrecht wechselte für 470.000 DM seinen Besitzer.

Neben dem Ehepaar Haßfurter war ab September 1955 auch der Fürther Hotelier Erwin Voelter an der Gesellschaft beteiligt.

---

[1] Lt. Paul Kaiser in seinem Buch „Die heißen Quellen von Bad Füssing"

1955 Neubeginn

Dir. Gundermann erklärte nach Vertragsabschluss, dass durch den Übergang der Füssinger Quelle in die „Thermalbad Füssing GmbH" nun alle Voraussetzungen für den Ausbau des Kurorts gegeben seien. Angesichts der guten Fortschritte in der Baulandumlegung war man optimistisch und vertraute Alfons Haßfurter, seinem Geschäftsvermögen und seiner Bereitschaft, das Wohl des jungen Kurortes zu mehren.

Die Thermalbad Füssing GmbH begann sofort mit dem Ausbau der Bade- und Duschanlagen, der Errichtung einer Holz-Überdachung für ein Freibadebecken und dem Bau eines dritten, größeren Thermalwasserbeckens, um den steigenden Ansturm von Badegästen gerecht werden zu können: Im Frühjahr 1957 wurde das markante Rundbecken mit seinem pilzförmigen Quellzulauf, dem späteren Wahrzeichen von Bad Füssing, im Beisein hoher Würdenträger eingeweiht.

Der an sich sehr sparsame Haßfurter spendierte zu diesem Anlass sogar Strandkörbe, die er 1956 bei einem Besuch im (früher preußisch-königlichen) Staatsbad Norderney einkaufte. Er erwarb 20 Strandkörbe zu 700 DM (Haßfurter: „Das war damals ein stolzer Preis!"). Allerdings verschwand diese Attraktion schon 1960, denn für den ganzjährigen Aufenthalt im Freien sind Strandkörbe nicht gemacht: An der Nordsee pflegt man diese nach dem Ende der Saison geschützt im Trockenen zu überwintern.

1957 Strandkörbe im Thermalbad

1950-1955 Füssing konstituiert sich

Gemeinde Safferstetten

Kurz nach Kriegsende – und angesichts der neuen Währung – schienen die Aufgaben für die Gemeinde in Safferstetten schier ins Unendliche zu gehen. Euphorie und Ernüchterung hielten sich dabei die Waage und angesichts leerer Kassen drehte man sich im Kreis. Da waren zunächst auch die Meldungen im Zusammenhang mit der Füssinger Therme wenig hilfreich. Immerhin gründete der Gemeinderat unter der Leitung von Bürgermeister Michael Nöbauer (1948-1960) bald nach Bekanntwerden der staatlichen Anerkennung der Heilquelle vom 28. Juni 1950 einen Ausschuss „Thermalbad Füssing", in dem sich Ehrenamtliche bemühten, den neuen Anforderungen gerecht zu werden.

1951 beschäftigte man sich im Gemeinderat mit dem Ausbau der Safferstettener Straße. Bürgermeister Nöbauer erkannte, dass das „Zeitalter der Automobile" gerade erst angefangen hatte und versuchte Mitstreiter für eine Teerstraße zu gewinnen. Die meisten Gemeinderäte liefen Sturm, weil dieses Projekt die Gemeindekasse in enorme Schulden stürzen würde. Die Safferstettener Straße, eigentlich mehr ein landwirtschaftlich genutzter Weg, war wegen unzureichender Befahrbarkeit weithin verschrien als „Emmentaler-Straße". Es gab eine erhebliche Anzahl von Autos, die hier nicht nur eine Reifenpanne, sondern gleich einen Achsenbruch erlitten hatten.

Erst als Nöbauer auch Gemeinderat Krah aus Pocking für seine Idee gewonnen hatte – und unter Hinzunahme eines höheren Geldbetrags aus eigener Tasche – konnte die Straße 1953 verwirklicht werden. Während der Antrag zum Bau der Straße bereits im September 1951 abgegeben wurde, liefen bald schon die Vorbereitungen für das nächste Unternehmen, das sich zukunftsweisend zeigen würde.

1952 wurde Architekt Feldmaier aus Pfarrkirchen beauftragt, einen Generalbebauungsplan für ein evtl. zu gründendes Thermalbad vorzulegen. Dieser Entwurf bildete – mit der Einteilung der Straßenführung, den Bebauungszonen und Kurbauten – bereits das Konzept für den heutigen Kurort.

1953 Der 1. Schritt – Anschluss an das Straßennetz

Als im November 1953 das Balneologische Institut das aufsehenerregende Heilwasser-Gutachten vorlegte und zu Weihnachten endlich der automobilgerechte Anschluss an das regionale Straßennetz fertig wurde, konnte Bürgermeister Nöbauer sich – trotz enormer Schulden – erst einmal zurücklehnen: Safferstetten war gerüstet für die neue Zeit.

Unter der Überschrift „Gute Straßen fördern überall das Wirtschaftsleben" berichtet die PNP am 22.12.1953 von der Hebefeier: Zahlreiche Ehrengäste besichtigten die Teerstraße zur Therme und Bürgermeister Bühl aus Pocking dankte den Beteiligten. Er sagte, alle Instandsetzungsarbeiten hätten sich stets als sinnlos erwiesen und er vergaß nicht zu erwähnen, dass damit auch die einheimische gewerbliche Wirtschaft gefördert wurde: Die Bauarbeiten hätten (von August bis Dezember) immerhin 50 bis 60 Familienvätern und zahlreichen Fuhrunternehmen Arbeit und Brot gegeben. Vor allem aber werde mit dieser neuen Straße der wirtschaftlichen Erschließung des Heilbades Füssings für den ganzen Landkreis Rechnung getragen. Der stellvertretende Landrat Stadlberger meinte, dass ihm als vorsichtigem Mann erst einmal „schwummerich" wurde, als er von den Kosten gehört habe. Inzwischen hätte er sich aber davon überzeugt, dass das Geld gut angelegt sei. In Vertretung von Direktor Gundermann dankte Badearzt Dr. Hoenig für diesen Schritt: Mit der Beseitigung dieses andauernden Hemmschuhs seien die Voraussetzungen zu einem weiteren Aufschwung des Bades gegeben.

Man war sich inzwischen allseits einig, dass die vorliegenden Besucherzahlen diese Maßnahme rechtfertigten und dass das Thermalbad Füssing nun für die weitere Zukunft gerüstet sei. Angesichts so viel Öffentlichkeit für diese großartigen Zahlen und Ergebnisse konnte nun niemand mehr die Augen vor dem verschließen, was nun kommen sollte.

Fremdenverkehrs-Ausschuss wird Fremdenverkehrs-Büro

1955 zählte Safferstetten 707 Einwohner mit 230 Gästebetten. Bis dahin lag die Fremdenverkehrsarbeit allein in Händen von ehrenamtlichen Gemeinderäten, bzw. eines Ausschusses. Um eine Verbesserung herbeizuführen, fuhren Gemeinderat Max Frankenberger, die Gemeindesekretärin Gretel Weidinger (spätere Frankenberger) und Josef Holzapfel zum Informationsbesuch nach Ruhpolding. Dort besuchte die Delegation Dr. Degner in seinem Gemeindebüro und ließ sich die

Organisation und den Ablauf der Arbeiten in einem touristischen Zentrum zeigen. Anschließend ging es nach Reit im Winkl und dem Lehrberger Reisebüro, um zu sehen, wie man dort das Kurgastaufkommen bewältigte. Wieder daheim in Safferstetten, bestellte der Gemeinderat Konrad Roßmayer als zuständigen Sachbearbeiter, den man zunächst zum Anlernen in das Fremdenverkehrsamt nach Oberaudorf schickte. Damit war gewährleistet, dass die zahlreichen, stetig zunehmenden Anfragen nach Quartieren, Kur- und Bademöglichkeiten besser bewältigt werden konnten.

Die Safferstettener Straße (etwa 1958), vorn
Füssing mit dem Thermalbad, links im Hintergrund Safferstetten und ganz oben im Bild der Inn

Im Herbst 1955 kam es bei einer Versammlung im „Restaurant Holzapfel" zu einer Neuregelung: Einstimmig wurde beschlossen, dass die Gemeinde von nun an die Geschäftstätigkeit für ein „Fremdenverkehrsbüro" zu tragen hatte. Man ernannte Kurt Wagner vom „Füssinger Hof" zum Vorstand, zum Schriftführer Paul Kaiser und als Kassierer fungierte Thomas Albrecht. Nun konnte ein erster „Zimmernachweis der umliegenden Ortschaften" herausgegeben werden. Um diese Bemühungen auch nach außen sichtbar werden zu lassen und um den vielen Besuchern vor Ort eine Anlaufstelle zu bieten, errichtete Kurt Wagner damals ein kleines Holzhäuschen auf dem hauseigenen Parkplatz, gegenüber der Therme. Dieses Häuschen ist eines der wenigen Relikte, die diese Zeiten überdauert haben; vis-a-vis der Therme und direkt an der Straße – bzw. im Bereich der späteren Straßenkreuzung – findet es sich bis heute (2019) noch immer am selben Platz.

Zimmernachweis der umliegenden Ortschaften.

Ausgabe 1. Februar 1955

Bezeichnung	Ort	Bettenzahl	Übernachtung	Übernachtung mit Frühstück	Vollpension	Fließendes Wasser	Heizung
Berger Josef, Garage	Füssing	1	DM 2.-				
Glasner Josef	Füssing	3		DM 2.50			Ofen
Ortner Franz, Pension	Füssing	14		DM 4.50		kalt-warm	Zentralheiz.
Winklhofer Alois	Füssing	4		DM 2.50			z. T. Ofen
Gasth. Freudenstein, Tel. Würding 12	Safferstetten	20	ab DM 2.75	ab DM 3.75	ab DM 7.20	kalt	Ofen 1 Zim.
Maier Markus, Mühle	Safferstetten	5		DM 2.50		kalt	Ofen 3 Zim.
Winklhofer Josef, Bäckerei	Safferstetten	4		DM 2.50			Ofen 3 Zim.
Meier Josef - Huger	Safferstetten	2		DM 2.50		kalt	Ofen 1 Zim.
Maier Johann, Kaufhaus	Safferstetten	4		DM 2.50			Ofen 3 Zim.
Stempfl Alois	Safferstetten	4		DM 2.50			Ofen 2 Zim.
Hanel Edith	Safferstetten	3	2.50 bis 3.-			kalt	Ofen 1 Zim.
Kapsreither Johann	Safferstetten	1		DM 2.50			Ofen 1 Zim.
Espenberger Josef,	Safferstetten	4		DM 2.50		kalt	
Nömeier Alois	Safferstetten	3		DM 2.50			Ofen 3 Zim.
Feigl Franz	Safferstetten	2	DM 2.-				
Winklhofer Franz - Feuchtinger	Safferstetten	4		DM 2.50		kalt	Ofen 2 Zim.
Isaak Max	Safferstetten	2		DM 2.—			
Hotel und Pension Holzapfel	Füssing	10		DM 5.50	DM 9.50	kalt-warm	Zentralheiz.
Freudenstein Franz	Safferstetten	2		DM 3.—			Ofen

Zimmernachweis für Füssing und Safferstetten am 01. Februar 1955

	Ort	Telefon	Entfernung vom Bad	Betten-zahl	Übernachtung mit Frühstück	Wasser Heizung
Sanatorien und Hotels:						
Kursanatorium Füssing Dr. med. Ed. Zwick / Dr. med. Angela Zwick	Füssing		im Haus	60	siehe Haus-prospekt	kalt/warm – Z
Kurhotel, E. Voelter K.G.	Füssing	Pocking 300	im Haus	125	ab 7,50	kalt/warm – Z
Hotel - Restaurant „Füssinger Hof"	Füssing	Pocking 262	100 m	40	ab 6,00	kalt/warm – Z
Hotel - Restaurant Holzapfel	Füssing	Pocking 476	50 m	12	ab 6,50	kalt/warm – Z
Gasthöfe und Pensionen:						
Pension Lindenhof, Inhaber F. Ortner	Füssing	Pocking 457	120 m	37	ab 5,00	kalt/warm – Z
Pension „Münchner Kindl"	Füssing	Pocking 246	150 m	30	6,00 – 7,50	kalt/warm – Z
Haus „Henny", Inh. Weiditsch	Füssing		300 m	23	ab 6,00	kalt/warm – Z
Pension „Sonneneck" Inh. H. Pöllath	Füssing	Pocking 529	300 m	15	ab 5,00	kalt/warm – Z
Pension Geml	Füssing	Pocking 265	120 m	15	ab 4,50	kalt/warm – Z
Pension Berger	Füssing	Pocking 467	250 m	14	5,00	kalt/warm – Z
Haus „Elisabeth" Inh. Friedl Brandhuber	Füssing	Pocking 571	300 m	12	ab 4,50	kalt/warm – Z
Haus „Monika" Inh. Centa Glaßner	Füssing		200 m	10	ab 5,00	kalt/warm – Z
Gasthof Freudenstein	Safferstetten	Pocking 412	1 km	20	ab 4,00	kalt/warm – Z
Pension „Maier Mühle"	Safferstetten	Pocking 495	1 km	18	ab 3,50	kalt
Pension „Vier Jahreszeiten"	Safferstetten		800 m	15	4,20 – 4,70	kalt/warm – Z
Haus „Hubertus" Inh. Gramüller	Safferstetten	Pocking 497	600 m	14	6,50	kalt/warm – Z
Gästehaus Huber	Safferstetten		800 m	9	3,50 – 4,50	kalt/warm – Z
Pension „Hildegard" Inh. Dr. med. Holstege	Safferstetten	Pocking 520	600 m	8	4,50 – 5,00	kalt/warm – Z
Haus „Franken" Inh. A. Mahr	Safferstetten		800 m	5	3,50 – 4,00	kalt/warm Ofen
Haus „Karola" Inh. Huber	Safferstetten		800 m	5	3,50 – 4,50	kalt/warm – Z
Gasthof zur Post, Wührmüller	Riedenburg	Pocking 494	1 km	5	ab 3,50	kalt, Ofen
Gästehaus „Inntal" Inh. Richard Stopp	Egglfing/Inn	Aigen 77	2,5 km	9	ab 4,50	kalt/warm – Z
Cafe und Pension Riermeier	Pocking	Pocking 535	5 km	20	ab 4,00	kalt/warm – Z
Privatunterkünfte						
Franz Koblbauer	Füssing		200 m	6	5,00	kalt/warm – Z
Karl Augenstein	Füssing		150 m	5	ab 3,50	kalt – Z
Maria Köck	Füssing		200 m	3	ab 3,00	kalt
Konrad Freudenstein	Angering		600 m	5	ab 3,50	

Zimmernachweis 1959

Da der Zweckverband die Fremdenverkehrsarbeit ab 1957 unterstützte, konnte Kurt Wagner ein funktionsfähiges Büro einrichten. Im Frühjahr 1958 (siehe PNP, Seite 105) gründete man den „Fremdenverkehrsverein", während das Interesse an diesem jungen Badeort weiter stieg.

Schriftführer Paul Kaiser erklärt dazu[1]:

„Ende des Jahres 1958 geriet der Verkehrsverein in eine unangenehme Situation. Die einfachen Prospekte, die von der BMI angefertigt und von dem Verkehrsverein übernommen waren, reichten nur noch bis Mitte 1959. Am 17. Februar 1959 fand im Restaurant „Holzapfel" eine Versammlung statt.

Anstelle der vorgesehenen Neuwahl eines zweiten Vorstandes wurde dafür entschieden, gleich eine solche der gesamten Vorstandschaft durchzuführen. Die neue Vorstandschaft setzt sich aus folgendem Personenkreis zusammen: Hotelier Kurt Wagner (1. Vorstand), Bauer und Pensionsinhaber Franz Ortner (2. Vorstand), Cafetier Paul Kaiser (Kassier) und Pensionsbesitzer K. Pöllath (Schriftführer). Zum ehrenamtlichen Geschäftsführer wurde Kreisrat Richard Stopp gewählt.

Im weiteren Verlauf wurde der Druck der vorgesehenen Prospekte beschlossen. In Gemeinschaftsarbeit wurde ein moderner Prospekt erarbeitet. Die Kosten lagen bei 6000 Mark. Der Verkehrsverein lebte damals von der Hand in den Mund. Die Beiträge waren denkbar niedrig, da ca. 85 % der Mitglieder aus Privatunterkünften mit zwei bis drei Betten bestanden.

Der Rest waren einige kleine und mittlere Pensionen sowie drei Hotels, die durchweg durch ihre Bauten erhebliche Schulden hatten. Der Thermalbadbesitzer lehnte eine Mitbezahlung ab, er erklärte dies damit, dass die Kurgäste sowieso das Thermalbad besuchen. Er brauche keine Propaganda zu machen. Erst nach einigen Überredungskünsten erklärte er sich bereit, 2000 Prospekte zu den tatsächlichen Druckkosten zu übernehmen. Nach unzähligen Bittgängen und mit der Hilfe des Landratsamtes sowie des Zweckverbandes wurden die Druckkosten für die Prospekte herangeschafft.

Außer den täglichen Anfragen wurde vom Verkehrsbüro eine gezielte Propaganda unternommen und an sämtliche Reisebüros in der BRD je 50 bis 100 Stück Prospekte (siehe Seite 32, 109 bis 111)versandt.

---

[1] In seinem Buch „Die heißen Quellen von Bad Füssing" 1973

Das Jahr 1960 zeigte den Erfolg. Die Übernachtungsziffer lag bei 113.800."

Leider liegen aus den Anfangsjahren keine Zahlen über die Übernachtungen von Kurgästen vor.

	Betten	Übernachtungen
1955[1]	230	14 060
1956	320	15 880
1957	480	47 990
1958	550	61 370
1959	620	75 200
1960	730	113 800

---

[1] Lt. Ernst A. Stapfer in seinem Buch „Bad Füssing und seine Geschichte"

1. Füssing-Flyer von August 1959 mit Auflage von 10.000 Stück – Vorderseite

Gründung des Zweckverbands

Der kleinen Gemeinde Safferstetten gelang es zwar mit viel Mut, den Bau der Teerstraße zu wuchten, doch nun mussten andere Zuständigkeiten gefunden werden, um aus einem 38-Seelen-Weiler Füssing einen modernen Kurort zu machen. Am m 10. November 1955 kam es zur Gründung des „Zweckverbandes Füssing": Der Landkreis Griesbach, die Stadt Pocking und die Gemeinde Safferstetten verabredeten, die notwendige Infrastruktur für den jungen Kurort bereit zu stellen. Doch schon bald stellte sich heraus, dass die finanziellen Möglichkeiten nicht ausreichen würden. Mittlerweile war auch der Landtag und die politischen Instanzen in München hellhörig geworden, so dass sich im Oktober 1957 auch der Bezirk Niederbayern beteiligte – Bezirk 60 %, Landkreis Griesbach (ab 1972 Passau) 35 % und Safferstetten (später Bad Füssing) 5 %).

Der Zweckverband stellte die stattliche Summe von 3,5 Mio. DM für die anstehenden Erschließungsarbeiten zur Verfügung. Es galt, einen Bebauungsplan (inkl. Bebauungszonen) einschließlich der Straßenführung festzulegen und die dazugehörige Kanalisation (fertig Juli 1959), nebst Strom- und Trinkwasserversorgung (fertig Feb. 1958) zu installieren. Und damit nicht genug, oberste Priorität gab man dem Bau eines Kurmittelhauses, um endlich ausreichende Räumlichkeiten für medizinische Anwendungen bereitzustellen. Auf den Gemeinderatssitzungen diskutierte man lebhaft, wenn die einzelnen Maßnahmen vorgestellt wurden. Als es um den Bau des Kurmittelhauses ging, das in deutlicher Entfernung – 500 m weiter südlich von der Therme I – gebaut werden sollte, konnten das viele nicht verstehen. Ein Bauer aus Safferstetten warnte vor Hochwasser: Es sei nicht gut, auf dem vorgesehenen Gelände zu bauen – nach heftigem Regen könne man dort ‚mit einem Sautrog Schifferlfahren'...

Gemeinderat Josef Holzapfel: „Das war alles ein Klein-Klein-Denken. Die Entwicklung von Füssing haben wir aber fähigen Männern mit Weitblick, Verstand und Überzeugungskraft zu verdanken." Zur Verwirklichung dieser ehrgeizigen Pläne musste aber erst eine Baulandumlegung durchgeführt werden, damit baugerechte Grundstücke entstehen konnten. Nicht zuletzt ging es auch um ein sehr brisantes Thema, nämlich der Abtretung von Bauland im Zentrum des Kurgebietes an den Zweckverband. Bei diesem Vorhaben übernahmen Max Frankenberger und Oberlehrer Alfred Hanel aus Safferstetten eine sehr verantwortungsvolle Aufgabe: Sie gründeten einen Interessenverband für die angehenden Bauern und leisteten segensreiche Aufklärungsarbeit. Danach erklärten sich <u>die beteiligten Grundstücks-</u> <u>eigentümer bereit, jeweils 27 % ihrer Flächen (insgesamt 40 ha) kosten- und er-</u> <u>satzlos als öffentliche Flächen für Straßen, Gehsteige, Parkplätze und Grünstreifen</u> <u>an den Zweckverband abzutreten. Dies geschah rein im Vertrauen auf eine konti-</u> <u>nuierliche Wertsteigerung des Grundbesitzes, deren Wirksamkeit ja erst in der</u> <u>nachfolgenden Generation sichtbar werden würde.</u>

Luftaufnahme Füssing 1962, nach der Baulandumlegung

1957 war Füssing auf dem Weg zu einem ernstzunehmenden Kurort: Man hatte einen Bebauungsplan mit 5 Zonen erstellt und arbeitete an einer Erschließung des Kurgebiets. Die Baulandumlegung war in vollem Gang und man machte große Pläne, während immer mehr Gäste kamen. Doch während man vom Zweckverband aus mit viel Elan an die gestellten Aufgaben ging, wollte Alfons Haßfurter bzw. die Thermalbad Füssing GmbH diese Vorgehensweise nicht unterstützen. Es kam zu Unstimmigkeiten. Dessen ungeachtet schloss der Zweckverband etwas später ei- nen neuen Pachtvertrag für das 1961 neu zu eröffnende Kurmittelhaus – mit der Thermalbad Füssing GmbH.

DIE ZEITZEUGEN

Nachdem der Standort, die bauliche Entwicklung sowie die Infra-Struktur von Füssing gezeigt wurden, sollen nun die daran beteiligten Persönlichkeiten vorgestellt werden. Herzlichen Dank an Konrad Gansmeier, Dr. Alfons Haßfurter, Trudy Voelter-Zink und Luzia Miesgang (geb. Schönberger) – auch für die Fotos aus privaten Alben. Auszüge aus der Biographie von Josef Holzapfel, dem Buch von Paul Kaiser („Die heißen Quellen von Bad Füssing", 1973).

1945 Konrad Gansmeier (geb. 1934)

Bei Kriegsende im Mai 1945 war Konrad Gansmeier aus Safferstetten 10 Jahre alt. Er erinnert sich an einen langen, besonders angenehm warmen Sommer und erzählt:

Schulfrei in Safferstetten

„Ich erinnere mich noch sehr gut an diesen Sommer. Endlich war der Krieg vorbei – nun konnte man sich wieder ungestört im Freien aufhalten und Pläne machen. Aber meine Freunde und ich, wir verbinden mit dieser Zeit noch etwas ganz anderes, das wir immer im Gedächtnis behalten werden: Wir hatten nämlich schulfrei und dieser Umstand bescherte uns Lausbuben große Freiheiten, die wir in vollen Zügen genossen. Alles um uns herum – die Felder, Wiesen und Wälder – schienen nur darauf zu warten, dass meine Freunde und ich auf Entdeckungs-Tour gingen. Und tatsächlich fanden wir jeden Tag etwas Neues, einen unbekannten Fleck Erde oder irgendein fremdes Terrain, das es zu erforschen galt.

Schon Ende März 1945 wurde die Schule geschlossen, weil fast jeden Tag amerikanische und englische Fliegerangriffe stattfanden – mit Ziel auf die Flugplätze in Pocking und Kirchham – oder weil jederzeit mit neuen Angriffen zu rechnen war. Im Schulgebäude konnten wir Kinder nicht davor geschützt werden. Ich selber bin während der Feldarbeit mehrmals in einen solchen Angriff geraten, bei dem Flugzeuge und Teile eines Flughafens zerstört wurden. Erst 1½ Jahre später, im Herbst 1946, ging der Schulunterricht weiter. Allerdings muss ich gestehen, dass ich dabei auch wiederum Pech hatte und das kam so: Daheim kümmerte sich meine Oma – die das Sagen im Haus hatte – darum, dass ich beschäftigt war mit Schuhe putzen,

Hühner füttern usw. Als man im Herbst 1945 im Nachbarhaus Flüchtlinge einquartierte – eine Frau, genauer gesagt, eine Lehrerin, mit zwei Kindern – sorgte die Oma natürlich auch dafür, dass ich nicht länger unter „Schulentzug" zu leiden hatte. Sie bezahlte sogar für diesen Privatunterricht mit Brot, Kücherl oder Fett. Nun, insgesamt gesehen, kam ich mit dieser Lösung recht gut zurecht und traf meine Freunde regelmäßig, wann immer dies möglich war.

Wir sind also jeden Tag auf die Walz gegangen an den Inn – damals gab es ja noch die Innauen und das Altwasser, den „alten Inn" – oder in den Wald. Wir „erweiterten unseren Horizont", indem wir auf hohe Bäume kletterten und dann weit ins Österreichische schauen konnten. Im späten Frühjahr nahmen wir junge Krähen aus den Nestern und brachten sie in die Küche: Junge Krähen galten – wie Wildtauben auch – als willkommene Bereicherung des Speisezettels und als Spezialität. Doch meistens ging es zuerst in die Nachbarschaft, ob irgendwo irgendwie etwas Brauchbares einzutauschen oder aufzustöbern war. Vor allem zog es uns zu den Bauern im Dorf: Wenn wir Glück hatten, konnten wir uns dort nützlich machen und bekamen etwas von der Brotzeit ab.

Aber Abenteuer pur waren Besuche bei „unseren Amis". Seit Kriegsende – das war bei uns Anfang Mai – hatten wir die amerikanische Besatzung bei uns im Dorf. Der Einzug des Militärs verlief relativ friedlich. Sie bezogen Quartier im Gasthof „Am Mühlbach" – also beim Freudenstein – und beschlagnahmten alle Fremden-zimmer. Diese amerikanischen Soldaten fuhren bewaffnet – in voller Montur – mit ihren Jeeps überall hin, verhielten sich aber ausgesprochen freundlich uns gegenüber. Schon bald bewegten sie sich ganz zwanglos im ganzen Ort und verteilten Kaugummi und Schokolade.

Wir Buben hatten schnell Kontakt gefunden und da durften wir schon mal abends deren Essensreste verputzen oder sogar im Jeep mitfahren. Mit der Zeit entwickelte sich damals sogar ein Tauschhandel: Wir besorgten unseren amerikanischen Freunden Körbe voll Obst – Äpfel, Birnen, Pflaumen usw. – und bekamen dafür Zigaretten, die sich wiederum ausgezeichnet gegen Bargeld eintauschen ließen...

Unterwegs

Meine Freunde wussten immer, wo was los war. Im Sommer 1945 waren einige von uns zu Fahrrädern, besser gesagt, zu selbst gebauten Vehikeln gekommen. Dabei darf man nicht an die Räder denken, wie wir sie heute kennen – ganz und gar nicht. Die benötigten Ersatzteile stammten aus Entdecker-Touren, die uns zuerst auf unsere heimischen Dachböden, später auf Schrottplätze und andere abenteuerliche Hinterlassenschaften führten. Aus alten, ausrangierten Fahrrädern bauten wir brauchbare Teile aus – und setzten sie neu zusammen. Dabei hieß es, erfinderisch zu sein, Ausdauer und technisches Raffinesse zu beweisen.

Auf mein Fahrrad war ich mächtig stolz: Es hatte zwar unterschiedlich große, abgenutzte Räder, doch diese trugen jeweils „Vollgummireifen" auf den Felgen. Nicht, dass solch ein Reifen aufblasbar gewesen wären, im Gegenteil: Dieser „Gummiring" bestand aus lauter Rundlingen (aus ausgestanzten, alten Autoreifen) – etwa in Kartoffelgröße, 4 cm – die dicht an dicht auf Draht gezogen, über den Felgen gespannt werden konnten. Mit diesem Rad konnte ich alle bei uns vorkommenden Anhöhen bewältigen. Auf diese Art und Weise mobil geworden, erkundeten wir nun auch die weitere Nachbarschaft. Einmal führte uns unser Weg zu dem Feld der Mathilde Wimmer und der Quelle, von der im Dorf so viel gemunkelt wurde. Doch statt eines Wasserlaufs fiel uns zunächst nur ein rätselhafter Holzverschlag inmitten von Erdaufhäufungen auf, und dann mehrere, von Hand gegrabene Kuhlen, in denen sich Regenwasser gesammelt hatte.

Was war das für ein Häusl – so etwas wie ein Hochsitz zu ebener Erde? Hatte man dort Vieh getränkt? Und wo sollte diese Quelle sein? Neugierig wie wir waren, machten wir uns natürlich daran, das unbekannte Objekt zu erkunden. Schließlich haben wir dann auch eine Luke gefunden – so 40 cm x 40 cm – und sind hineingekrochen. Drinnen fanden wir ein mittelstarkes Rohr, das senkrecht etwa 30 cm aus der Erde ragte und in ein weiteres, waagerechtes Rohr mit einseitigem Auslauf endete. Das Ganze war mit einem Schwungrad und einem Schieber wie bei einem übergroßen Wasserhahn zu bedienen. Und da haben wir dann so lange gewerkt, bis Wasser herausgekommen ist, das schnell immer sauberer wurde und angenehm warm. Wir drehten den Schieber weiter auf und stellten uns – einer nach dem anderen – unter den sprühenden Wasserstrahl: So eine Gelegenheit zum Duschen wollten wir uns nicht entgehen lassen! Aber dann fanden wir bald heraus, dass die Wassertemperatur allmählich immer mehr anstieg – und da war es dann auch zum Heimgehen.

In der darauf folgenden Zeit fanden sich immer mehr Leute aus der Umgebung, die die Quelle aufsuchten: Schließlich kannte man bis dahin keine Badezimmer – und auch keine Wasserleitungen: Das Wasser kam aus dem Hausbrunnen oder dem Grant im Hof, und warmes Wasser stets vom Herd. Insofern war es mehr als begreiflich, dass diese Quelle zum Anziehungspunkt wurde. Doch als wir im Frühjahr 1946 das nächste Mal baden wollten, erwischte uns der inzwischen eingeheiratete Ortner, der plötzlich mit einer Mistgabel vor uns stand und schrie: „Lausbuben, miserablige! Scherts euch zum Deifi!"

Und so ergriffen wir die Flucht. Bald darauf entdeckten wir, dass der Ortner „unseren" Badetümpel vergrößert hatte und nun, mit deutlich mehr Wasser gefüllt, zum Baden zur Verfügung stellte – für alle, die ein „Zehnerl" zahlten."

Im Sommer 1947 gab es dann diese erste eingezäunte ,Badeanstalt' für das amerikanische Militär, bzw. die jüdischen Flüchtlinge im Lager Waldstatt. Da war es dann offiziell zwar streng verboten zu baden, doch das machte die Sache ja nur noch interessanter.

Irgendwann erfuhren auch wir von irgendwem, wo man ungesehen den Maschendrahtzaun ,unterlaufen' konnte. Da hieß es natürlich, nix wie hin. Franz Fett – der Bademeister und Masseur – verstand es auch in diesen unübersichtlichen Zeiten, für gute Nachbarschaft zu sorgen – und ließ oft ein kleines Seitenfenster für uns Einheimische offen..."

Frühjahr 1947 Das Thermalbad Füssing

Josef und Maria Holzapfel 1949

1949 Josef (1919-2008) und Maria (1922-1983) Holzapfel

Auf der Suche nach den heißen Quellen

Anfang Januar 1949 fand Josef Holzapfel (Malching) einen Artikel in der Zeitung, in dem mit einem Foto über das Vorkommen einer heißen Quelle in Füssing – einem Weiler mit sechs kleineren Bauernhöfen und 38 Einwohnern in der Nähe von Safferstetten – berichtet wurde. Daraufhin machte er sich mit seiner Frau Maria mit dem Fahrrad auf den Weg (12 km) um diesen Ort zu erkunden. Bald hatten sie die Quelle gefunden, bzw. das Barackengebäude mit dem Badebecken. Ein freundlicher Bademeister – Franz Fett – führte das junge Paar gern durch sein Revier: Für die überdachte Badeabteilung – auf der einen Seite für Männer, auf der anderen Seite für Frauen – hatte man Barackenteile aus dem Lager Waldstatt herbeigeholt: Mangels allgemein üblicher Haushalts-Badewannen hatte man beim Einbau von „Sitzwannen" Kanalrohr-Teile verwendet – ebenfalls aus dem Lager – denen man innen einen (Beton-) Sitz-Sockel gegeben hatte.

Das eigentliche Thermalwasserbecken befand sich unter freiem Himmel. Ein Bereich mit Umkleidemöglichkeiten vervollständigte das Angebot im „Thermalbad Füssing". Josef Holzapfel kniete sich auf den Rand des Beckens, um mit der Hand die Wassertemperatur zu prüfen. Er wunderte sich über das warme, fast heiße Nass, doch der Bademeister erklärte, dass das Wasser sogar mit 56 °C aus dem Boden herauskam und zuerst abgekühlt wurde. Inzwischen kamen immer mehr Badegäste, um sich im wunderbar warmen Wasser zu aalen – ein paar Züge zu schwimmen oder einfach nur, um sich zu strecken und zu recken. Franz Fett erläuterte, dass die Quelle immer mehr Freunde finden würde, die sich nicht nur für ein kurzes Bad, sondern sogar mehrere Stunden vor Ort aufhalten würden: Der Eintritt kostete 20 Pfg.

Josef Holzapfel fragte sofort, ob hier ein Wirtshaus vorgesehen sei. Der Bademeister schüttelte den Kopf und zeigte auf einen Kiosk am Ende des Flurs. Dort wurden unter anderem auch Getränke verkauft. Josef Holzapfel konnte es kaum glauben. Ihm war sofort klar, dass hier ein Lokal eingerichtet werden musste – schließlich hielten sich die Leute ja mehrere Stunden vor Ort auf. Josef Holzapfel war wie elektrisiert und erkundigte sich bei Franz Fett, wer genau hier zuständig war. Dann setzte er sich umgehend mit Direktor Emil Gundermann von der Bayerischen Mineral-Industrie München (BMI) in Verbindung. Gundermann nickte freundlich, als

Josef Holzapfel vorschlug, „Dort in Füssing, im Thermalbad – da gehört a Wirtshaus her!" Er meinte nur: „Ja – machen's doch eins."

Gesagt, getan, doch wie ließ sich so etwas verwirklichen – ohne Geld? Josef Holzapfel versuchte als erstes, eine zweite Baracke aus dem ehemaligen Lager in Waldstatt zu bekommen: Die Reste des früheren Fliegerhorstes wurden gerade aufgelöst, doch der Versuch scheiterte. Als nächstes machte er sich daran, ein Darlehen zu bekommen und fuhr nach München zur Vermögensverwaltung, dem Sitz der Bayerischen Mineralindustrie: Man lehnte ab.

Auf dem Rückweg besuchte Josef Holzapfel dann noch die Brauerei in Ering-Pillham, und den Grafen Esterhazy, der ihn in Malching mit Bier belieferte. Er erzählte ihm und auch dem Verwalter von seinem Vorhaben, in Füssing eine Gastwirtschaft zu eröffnen, aber der Verwalter meinte nur: „Ja – was willst denn dort drunt, auf dem freien Feld?"

Doch der Graf Esterhazy war nicht abgeneigt und so traf man sich tags darauf vor Ort. Der Graf versuchte gar nicht erst, seine Enttäuschung über das karge Aussehen der Anlage zu verbergen – insbesondere missfielen ihm die alten Baracken – und er sagte: „Das wird wohl nix – so wie das ausschaut!"

Josef Holzapfel ließ sich nicht beirren. „Ich dachte, wenn das Heizen nichts kostet und das warme Wasser auch noch mit 5 Atü Druck herauskommt, dass man da einmal ein Hallenbad bauen würde – und das hätte für uns ja schon genügt!"

Barackenzeit

Und dann hatte Graf Esterhazy doch eine Lösung gefunden, Josef Holzapfel trotz allem entgegenzukommen: Die Eringer Brauerei hatte in Pocking noch eine Baracke vom Dammbau am Inn. Nach Abschluss der Arbeiten ließ er diese abbauen und in Füssing neben dem Thermalbad aufstellen. Den dazugehörigen Grund unmittelbar am Thermalbecken – 400 m² – pachtete Josef Holzapfel von dem Bauern Hans Larverseder.

Schon am 15. Mai 1949 war es so weit: Josef Holzapfel eröffnete das 1. Gasthaus am Freibecken in Füssing ohne seine Frau Maria, die die Wirtschaft in Malching weiter führen musste. Der dortige Pachtvertrag war ja noch für ein ganzes weiteres Jahr bis zum 1. Mai 1950 zu erfüllen. Während der Aufbau- und Einrichtungszeit und nach der Eröffnung im Mai „pendelte" Josef Holzapfel jeweils zwischen seinem

Wohn- und Arbeitsort: Genauer gesagt, bewältigte er diese Strecke 12 km hin und 12 km zurück mit dem Fahrrad: „Ich habe immer den kürzeren Weg über Waldstatt gewählt; denn dort wohnten überwiegend Flüchtlinge und Vertriebene – meist Donauschwaben und Sudetendeutsche. Vor allem hatte der Peter Geml damals dort schon sein Fahrradgeschäft und als mir einmal das Fahrrad kaputt ging, hat es der Geml wieder gerichtet.

Als es dann Winter war, verkaufte mir der Ortner sein altes Moped, bei dem die Pedale fehlten, außerdem ging das Gas nicht. Ich musste immer den Draht anziehen und es auf die Kante aufsetzen, damit es weiterlief – aber immerhin war ich motorisiert und musste nicht immerzu treten, um hin und her zu fahren.

Obendrein war der Ortner sehr großzügig und akzeptierte meine Ratenzahlungen: 1 DM pro Woche!" Diese Betriebseröffnung stellte eine enorme wirtschaftliche Herausforderung für den Existenzgründer und zweifachen Familienvater dar. Am 01.05.1950 fand der Umzug von Malching nach Füssing statt. Dabei half Karl Hager mit seinem Lastwagen und dem Einverständnis, das Fahrgeld erst zwei Monate später zu kassieren.

Die Familie Holzapfel hatte eine Wohnung in der Nähe der Gaststube in einem uralten Bauernhaus bei der Zenta Glaßner gemietet. Diese Wohnung war recht klein – es gab nur ein Schlaf- und ein Kinderzimmer – und die Verhältnisse höchst bescheiden.

Da Maria Holzapfel in Malching inzwischen vorzeigbare Einnahmen erwirtschaftet hatte, und weil man die Einrichtung der dortigen Wirtsstube an den Pflieger in Ruhstorf verkaufen konnte, investierte man dieses Geld in eine neue Ausstattung Gaststube, die der Buchner-Schreiner in Ering fertigte: bayerische Stühle mit einem Herzerl drin, dazu neue Tische. Die Brauerei stellte dem Ehepaar Holzapfel einen neuen, zeitgemäßen Ausschank in die alte Baracke – doch der Betrieb ließ vorläufig noch sehr zu wünschen übrig.

Josef und Maria Holzapfel hatten zwar einen relativ günstigen Pachtvertrag für die Baracke – die Brauerei verlangte pro Hektoliter für den Ausschank nur 4 DM Biergeld (Pachtgebühr), zahlbar an jedem 1. des Monats. Der Verwalter war immer besonders pünktlich, so dass Josef oft noch die letzten Pfennige zusammensuchen musste, wenn dieser schon in der Tür stand – schließlich war gleichzeitig auch die Miete zu bezahlen: Die Zenta Glaßner verlangte 25 Mark, die Josef oft erst am 4. oder 5. des Monats begleichen konnte. Zu Weihnachten nahm die Vermieterin das zögerliche Zahlen als Anlass, zu kündigen: Sie setzte die Familie mit drei kleinen

Kindern – das Älteste 5, das zweite 1½ Jahre alt und das Jüngste war im November zuvor geboren worden – einfach auf die Straße. Statt sich mit der Frau zu streiten, löste Josef Holzapfel das Problem auf seine Weise: Da gerade ein Bretterverschlag an der Baracke fertig geworden war (den die Brauerei eigentlich für das Leergut errichten ließ), baute er den Unterstand mit Heraklit-Resten aus, verfestigte und verputzte das Ganze.

Auf diese Art und Weise ergab sich – mit einem Doppelbett und Schrank-Schlafplatz für zwei Kinder – ein notdürftiges Schlafzimmer für die junge Familie. Das Kleine lag in einem Bettchen in der Küche. Nur als es im Februar recht kalt wurde, zog die ganze Familie mit Matratzen, Decken und Kissen in die Umkleideräume der Therme nebenan: Dabei musste allerdings achtgegeben werden, denn die ersten Badegäste waren bereits um 7 Uhr da.

Am 20. Mai 1949, vor dem „Restaurant zum Thermalbad" stellt Herr Höglinger mit seinen Männern einen Lautsprecher für das Freibad auf, von rechts: Franz Fett (Bademeister), Frau Bauer (Kasse), dahinter Herr Eisenreich (Kiosk), Maria mit Gisela und Josef Holzapfel, Frau Fett

1951 Es geht langsam aufwärts

Als nächstes brachte Josef Holzapfel ein Schild mit großen Buchstaben auf dem Barackendach an, das man – vis-a-vis im Thermalbadgelände und auch im Badebecken – gut lesen konnte: „Restaurant zum Thermalbad". Außerdem ließ er 1951 einen eigenen Lautsprecher im Außenbereich installieren, um seine Gäste – und die des Badebeckens – mit Unterhaltungsmusik zu versorgen, und das war einfach der Clou. Anfang 1951 suchte ein Journalist der „Münchner Illustrierten" – ein Herr Senkpill – das „Restaurant zum Thermalbad" auf, um einen Bericht über das „Weltbad der Zukunft" zu schreiben und zu fotografieren. Doch weil es geschneit hatte, gab es ausgerechnet an diesem Tag keine Besucher im Becken. Der Journalist bot spontan 5 DM für jeden, der sich – trotz Eis und Schnee – beim Baden fotografieren lassen würde. Josef Holzapfel ließ sich das nicht zweimal sagen, setzte sich aufs Fahrrad und fuhr nach Waldstatt. Sogleich war eine ganze Gruppe aus Ungarn und Polen gern bereit, der Einladung zu folgen und im Badeanzug zu erscheinen. Und damit nicht genug: Josef Holzapfel – im orientalischen Gewand eines Kaffeehausinhabers – stiftete Kaffee, Tee und Kuchen für die Badenden und servierte am Beckenrand mit traditioneller Pelzkappe (Leihgaben des ungarischen Nachtwächters). Bald darauf erschien in der „Münchener Illustrierten" ein ganzseitiger Artikel mit der Überschrift „Freibad im Schnee – Weltbad der Zukunft". Auf den Fotos waren die Badenden zu sehen, die das Freibecken bevölkerten, Badenixen, die in Pelzmänteln am Beckenrand flanierten – und ein fremdländischer Dienstmann, der den Badenden an Ort und Stelle Kaffee und Kuchen servierte. Herr Senkpill schrieb: „Hier ist das einzige Freibad, in dem man während des Winters im Freien baden kann!" Und: „Ganz Verwöhnte können sich den Kaffee im Bad servieren lassen. Im vornehmsten Weltbad könnte man auch nicht besser bedient werden, als hier..." Die Rechnung ging auf. Es fanden sich immer mehr Besucher im Restaurant ein und von nun an lief das „Restaurant zum Thermalbad" schon wesentlich besser.

Maria und Josef Holzapfel waren endlich in der Lage, 1951 Renovierungsarbeiten zu erledigen. Die Baracke bekam nun auch außen einen appetitlich weißen Anstrich, so dass nicht nur das Schild „Restaurant am Thermalbad" die Badenden einlud, sondern auch das Wirtshaus selbst lockte. Außerdem gab es inzwischen einen Wirtsgarten an der Südseite des Hauses – also zum Thermalbad hin – mit Sonnenschirmen. Und nun wurde auch der erste Kellner eingestellt, der Herr Paschke, ein Flüchtling aus Marienbad.

Badefreuden für die „Münchner Illustrierte" im Februar 1951 im Thermalbad Füssing

Es sprach sich auch unter den Einheimischen herum, dass man bei den Holzapfels gut einkehren konnte. Das Bier schmeckte, die Brotzeit ebenso – und sogar für Musik und Unterhaltung war gesorgt. Die Gäste kamen von nah und fern. Das „Restaurant am Thermalbad" war zu einem beliebten Treffpunkt geworden und nach den entbehrungsreichen Jahren ging es langsam bergauf. – Josef und Maria Holzapfel sparten eisern, um ihre Existenz zu festigen.

Den beiden Wirtsleuten war es gelungen, quasi aus dem „Nichts" ein gut gehendes Lokal zu schaffen – doch nun wollten sie sich nicht damit zufrieden geben, sondern den nächsten Schritt wagen. Da immer mehr Gäste von außerhalb nach Füssing kamen – sogar von München und aus ganz Bayern – waren Übernachtungs-Möglichkeiten sehr gesucht. – Was ursprünglich nur eine mutige und vage Vorstellung gewesen war, nahm immer mehr Gestalt an – das „Hotel Holzapfel".

1953 Existenzsicherung

Inzwischen hatte es sich herumgesprochen, dass es an der Therme aufwärts ging. Josef Holzapfel spürte, wie mit den ersten bescheidenen Erfolgen auch ein gesteigertes Interesse an Zuständigkeiten einherging und wurde wachsam. Er stand schon seit längerer Zeit in Verhandlung für einen größeren Baugrund, der nicht nur die gepachteten 400 m², sondern auch das unmittelbar anschließende Grundstück beinhalten sollte.

Allerdings schien es, als ob er nicht zum Zuge kommen sollte, denn auch Graf Esterhazy hatte bereits sein Interesse kundgetan. Nun durfte Josef Holzapfel keine Zeit verlieren, wenn er das Grundstück erwerben wollte. Als er hörte, dass der Graf Esterhazy abgereist war, um sechs Wochen Urlaub auf der Insel Mainau zu verbringen, suchte er Hans Larverseder auf. Der Bauer gab ihm wiederum zu verstehen, dass er nicht verkaufen könne, weil er dem Grafen ein Vorkaufsrecht eingeräumt hatte. Josef Holzapfel ließ dies nicht gelten, denn er hatte sich inzwischen bei einem Rechtsanwalt Rat geholt: Da es sich nur um eine mündliche, nicht notarielle Abmachung handelte, war Larverseder nicht an seine Zusage gebunden. Und tatsächlich gelang es Josef Holzapfel, den Bauern zu überzeugen und den Handel perfekt zu machen. Allerdings wollte ihm dieser zuerst nur das halbe Grundstück geben – und verlangte zum Schluss, dass er dafür sorgen sollte, dass das gegenüber liegende Grundstück in das Baugebiet aufgenommen wurde. Josef Holzapfel sicherte dies zu, und tatsächlich gelang es ihm später diese Zusage zu halten, auch wenn sich noch viele Bestimmungen änderten.

Das „Restaurant am Thermalbad" 1952

Die erste Postkarte – Terrassenbetrieb im „Restaurant am Thermalbad"

Josef Holzapfel kaufte den Grund – 4.300 m² zu 3 DM – für 12.900 DM. Anfang 1952 hatte das junge Paar immerhin schon 2.000 DM erspart, außerdem erhielt Josef ein Heiratsgut von seiner Mutter in Höhe von 2.000 DM dazu Kredite in Höhe von 7.000 DM aus seiner Verwandtschaft. Den restlichen Betrag stundete Hans Larverseder – zu 6 % Zinsen.

Josef Holzapfel verabredete sich mit seinem Notar aus Passau, der um 18 Uhr zum Verbriefen in Füssing sein wollte. Er teilte diesen Termin auch dem Larverseder mit. Der Notar war pünktlich, doch der Bauer ließ auf sich warten. Die beiden Männer schauten immer wieder auf die Uhr. Schließlich ging Josef Holzapfel hinüber, um den Larverseder zu suchen. Aber auch die Haushälterin wusste nicht, wo er war – und so setzte sich Josef Holzapfel auf die Bank vor dessen Haus.

Der Bauer blieb verschwunden. Es war bereits 20 Uhr, als Larverseder endlich erschien. Josef Holzapfel zeigte auf das Geldpaket in seiner Tasche und der Bauer zog seinen Gast in den Schweinestall. Josef Holzapfel überreichte das Geldpaket und der Bauer zählte die Scheine. Beide gingen hinüber in die Baracke, doch der Notar war bereits heimgegangen. Retter des Abends war ein guter Gast namens Ziegler, der als Installateur einen „Goliath" (ein Dreirad-Auto) fuhr. Nachdem Josef Holzapfel sich zuerst telefonisch beim Notar versichert hatte, dass er noch kommen durfte, brachte der Ziegler die drei Entschlossenen – Hans Larverseder vorn auf dem Beifahrersitz, Josef und Maria auf zwei Bierkisten hinten auf der Ladefläche – nach Rotthalmünster zur Verbriefung.

Als der Graf dann von der Insel Mainau zurückkam und erfuhr, dass Josef Holzapfel den Grund gekauft hatte, beauftragte er einen Rechtsanwalt um den Handel rückgängig zu machen. Die Angelegenheit versandete, auch wenn es noch eine Zeit lang dauerte, bis die neuen Grundbesitzer den Grundbuchauszug in Händen hielten. Josef Holzapfel: „Nun – das wurde dann auch höchste Zeit. Meine Maria weinte oft so bitterlich, weil sie meinte, der Graf bekäme Recht. Und dann hätten wir wieder keine Existenz – und gar nichts. Aber ich muss sagen, alle haben uns geholfen und waren auf unserer Seite.

Zuerst habe ich natürlich gleich dem Grafen gekündigt. Er sagte dann, er müsste die Baracke wegreißen: Nur gut, dass er sie stehen ließ: Sonst hätten wir tatsächlich kein Dach über dem Kopf gehabt. Und dann war er ja auch froh, dass wir sein Bier verkauft haben ..."

Damit hatten Josef und Maria Holzapfel die Weichen für das spätere Unternehmen „Hotel Holzapfel" gestellt. Während sich Josef Holzapfel im Sommer 1953 noch in Geduld üben musste für sein 40-Betten-Hotel, wurden in unmittelbarer Nähe zwei ehrgeizige Hotelprojekte gestartet – das „Kurhotel" von Jendo Rosenfeld mit 125 Betten und der „Füssinger Hof" von einem Herrn Raßhofer aus Dingolfing mit 48 Betten. Doch schon im Herbst 1953 verbreitete sich die Nachricht, dass ein Bau nach dem anderen eingestellt werden musste: Angst und Schrecken gingen um, schließlich waren vorwiegend einheimische Banken, Bauunternehmen und ansässige Firmen wie Handwerker betroffen, die ihrerseits große Erwartungen in die jeweiligen Unternehmungen gesetzt hatten.

Während dieser Zeit gelang es den Gemeinden Safferstetten und Pocking endlich eine längst überfällige Baumaßnahme in Auftrag zu geben. Mit dem Ausbau der Gemeindeverbindungsstraße zwischen beiden Orten riskierten die Bürgermeister Nöbauer (Safferstetten) und Bürgermeister Bühl (Pocking) allerdings hohe Schulden, die allein auf der Annahme beruhten, dass künftig wohl mit mehr Besuchern der heißen Therme zu rechnen war. Immerhin war diese Landstraße vorher nur ein Kiesweg, der den Fuhrwerken, Kutschen und Karren genügte und daher nur einmal im Jahr mit Hand- und Spanndiensten der anliegenden Bauern instand gesetzt wurde. Aber bei dem zunehmenden Besucher-, Lieferanten- und Autoverkehr entpuppte sich dieser Weg zum Thermalbad – je nach Jahreszeit – als gefährlich, bodenlos und als Falle: Rad- und Achsenbrüche waren keine Seltenheit und so kam es, dass dieser Weg als berüchtigte „Emmentaler-Straße" die Begeisterung vieler Badbesucher deutlich dämpfte. Im Dezember 1953 waren endlich die örtlichen Voraussetzungen für einen ungestörten Thermenbesuch geschaffen. Und tatsächlich, die Rechnung ging auf.

Josef Holzapfel gehörte zu den maßgeblichen Vordenkern im 1955 neu gegründeten Fremdenverkehrsverein. Bis zur Gründung gab es gerade mal eine Handvoll Privatvermieter in Füssing, und auch in Safferstetten hatte niemand mehr als 10 Betten, abgesehen vom Gasthof Freudenstein. Nun führte man einen Zimmernachweis (Seite 29) ein und zählte am Ende des Jahres 1955 immerhin 14.060 Übernachtungen. In der Regel verlangte man 1954 für die Übernachtung DM 2,00, mit Frühstück höchstens DM 2,50 – und oft war auch ein Ei dabei. Josef Holzapfel brauchte jedoch höhere Einnahmen, um die II. Baustufe zu realisieren. Dazu besuchte er die anderen Vermieter reihum mit dem Fahrrad und hörte zum Beispiel, dass man nicht mehr verlangen könne, weil die Gäste ja das Plumpsklo hinten im

Kuhstall mit der Familie teilen müssten. Ein Anderer rechnete ihm vor, das ihm das Frühstücksei nichts koste, und folglich auch nichts in Rechnung gestellt werden könnte: „Wir haben die Hühner ja selbst im Garten ..." Josef Holzapfel brauchte seine ganze Diplomatie, um die Vermieter der ersten Stunde zu höheren Einnahmen zu überreden: Denn nur so war es ihm schließlich möglich, auch selbst etwas mehr verlangen zu können.

„Und dann ließ ich mir einen Prospekt im Postkarten-Format machen – eigentlich eine Doppelkarte – von der Druckerei Krönner. Da haben wir die Übernachtung mit Frühstück für 5,50 DM angeboten, Vollpension für 9,50 DM (siehe Seite 29)."

1954 Immer mehr Besucher – und endlich ein richtiges Hotel

Anfang 1954 starteten Josef und Maria Holzapfel den Hotelneubau. Zwei Hotel-Bauruinen in nächster Nähe mahnten zur Vorsicht. Da man kein Risiko eingehen wollte, wurde entschieden, das zweistöckige Bauvorhaben in zwei Phasen aufzuteilen, um die Finanzierung nicht zu gefährden. Die Wirtsleute begnügten sich als vorsichtige Kaufleute mit einem kleineren Neubau und mit 14 statt 24 Zimmern.

Als Josef Holzapfel im März 1954 mit den Aushubarbeiten für den Keller begann und gerade mit Aufräumarbeiten beschäftigt war, hörte er nebenan auf der Rosenfeld-Baustelle drei Leute sprechen. Es war nicht schwer, dem Gespräch zu folgen, da die Nachbarn sich ungestört fühlten und niemanden in Hörweite vermuteten. Der Baumeister Fred Schönbauer von Pocking, Frau Meier (Lebensgefährtin vom Rosenfeld aus Wien) und die Wiener Architektin schauten in Josef Holzapfels frisch ausgegrabenen Keller hinein und begutachteten die Bauarbeiten. Frau Meier erklärte den Anwesenden: „Also – der Holzapfel, der baut mit einer GmbH!" Woraufhin sich der Schönbauer erkundigte „Und wer ist denn da noch mit dabei?" Frau Meier spöttelte „**G**ott **m**uss **b**estimmt **h**elfen!" Josef Holzapfel war sich sicher, dass Gott ihm tatsächlich geholfen hat, während der Rosenfeld nach einem ¾ Jahr Pleite machte, weil er nicht – wie versprochen – mit der finanziellen Unterstützung seiner Familie rechnen konnte.

Josef Holzapfel erzählt: „Wir haben dann im März 1954 mit den Bauarbeiten angefangen. Den Keller hatten wir schnell fertig, denn der Hans Larverseder hatte mir geholfen, die Außenwände zu streichen und vor allen Dingen, die Isolierungsarbeiten zu machen. Unser Architekt war der Josef Ammermüller von Kirchham, der mit dem Büro Carl Feldmaier aus Pfarrkirchen zusammen arbeitete, und Baumeister war der Lex aus Pocking. Abends, wenn die Arbeiter heimgegangen waren, haben meine Frau und ich die Gerüste umgebaut, auch die Steine, Ziegeln und alles hergerichtet. Und dann bin ich morgens um 4 Uhr aufgestanden, hab' den Mörtel angerührt und die Kasten aufgefüllt. Weil eben alles fix und fertig vorbereitet war, konnten die Mauerer Schlag 7 Uhr mit der Arbeit anfangen."

„Der Bauplan sah im Erdgeschoß ein Restaurant vor, ein Café und eine Terrasse, dazu Toiletten für Gäste und fürs Personal, außerdem einen Kühlraum für Getränke und Bier. Wir hatten 1 Doppel- und 3 Einzelzimmer im Parterre, und oben im Speicher 4 Doppel- und 1 Einzelzimmer. Im Keller richtete ich eine gemütliche Seemanns-Bar ein, aber hauptsächlich waren dort unsere Wirtschaftsräume – die Küche, Kühl- und Lagerräume, auch 2 Personalräume, dazu der Heizungs- und der Kokskeller. Leider vergaß Architekt Feldmaier damals eine Treppe ins Erdgeschoß zu bauen, so dass unsere Gäste vom Lokal nur durch die Personaltoiletten oder durch den Außenbereich in die Seemanns-Bar kamen! Für uns und unsere Mitarbeiter war das natürlich auch ein Unding – aber immerhin hatten wir einen kleinen Speiseaufzug, eine Konstruktion von Ludwig Uttenthaler aus Kirchham, speziell für uns." „An dieser Stelle möchte ich an die maßgebliche Unterstützung meiner Mutter und auch meines Bruders erinnern: Meine Mutter hatte mir 2.000 DM für den Grundstückkauf zur Verfügung gestellt und damit erst die ganze Sache möglich gemacht. Außerdem haben mein Bruder und meine Mutter beim Bau 1954 und auch später 1959, alle Glaserarbeiten und alle Spenglerarbeiten komplett zum Selbstkostenpreis gemacht – ich habe nur das Glas und Blech bezahlt. Die ganze Arbeitsleistung – mein Bruder hat eingeglast, meine Mutter eingekittet – konnte ich als Eigenleistung im Finanzierungsplan ausweisen: Das ersparte mir größere Ausgaben und enorm viel Eigenkapital."

Welch ein mutiges Unternehmen der Bau eines Hotels zu dieser Zeit darstellte, zeigt ein Zeitzeugnis vom Baubeginn – ein Zeitungsartikel über die neue Teerstraße vom März 1954 (Seite 103). Und schon im November schreibt Redakteur Klaus Riedler voll des Lobes (über das „Kurhaus", das ein „Kurhotel" war, Seite 104): „Am morgigen Sonntag wird in Füssing das erste Kurhotel offiziell seiner Bestimmung übergeben ..." Riedler würdigte – mit Fotos – die moderne Bauführung und berichtete in Einzelheiten über die zeitgemäße Ausstattung.

Selbstverständlich wurden die beteiligten Lieferfirmen und Handwerksbetriebe aus nächster Nähe aufgeführt, die hier ihre Handwerkskunst und Leistungsfähigkeit unter Beweis stellten. Die Holzapfels hatten eine Bedienung, ein Haus- und Zimmermädchen, sowie eine Küchenhilfe – alle anderen Arbeiten erledigten sie selbst. Maria Holzapfels Platz war das Restaurant – sie stand an der Theke, bediente die Gäste, führte die Gästekorrespondenz und sorgte für die drei Kinder. Josef kochte, erledigte die Wäsche, machte den Hausmeister und war für die Unterhaltung der Gäste zuständig, außerdem kümmerte er sich um die Buchhaltung und den Einkauf. Josef und Maria Holzapfel richteten sich im Obergeschoss ein Zweibettzimmer etwas komfortabler als die anderen für den eigenen Bedarf ein, schließlich hatten sie ja bis dahin überhaupt kein richtiges Schlafzimmer gekannt.

Aber als dann die ersten Gäste kamen – es war die Familie Höhlein aus Bamberg, Inhaber eines großen Baugeschäfts, die in einem 500er-Mercedes vorfuhren – wurden sie wieder schwach: Sie boten den Gästen dieses besonders wohnliche Schlafzimmer an – und schliefen wieder im Keller. Alle Zimmer waren von Anfang an sofort belegt, die fünf Doppelzimmer ebenso wie die vier Einzelzimmer: In Füssing gab es ja damals kaum Betten mit Komfort. Jeweils am Wochenende sorgten drei Musikanten im „Restaurant am Thermalbad" für gute Laune. Josef Holzapfel spendierte Bier und eine Brotzeit und dafür machte das Trio Musik, die den Leuten gefiel. Damit war garantiert, dass das Lokal samstags und sonntags voll war. Josef Holzapfel: „So kamen nach und nach die Leute zu uns und lernten Füssing kennen. Inzwischen war ja auch schon ein bisserl was los – und schließlich hat mich auch die Umgebung umsatzmäßig unterstützt. Da kamen sogar die Bauern, die ganzen Einheimischen und es war immer unendlich lustig. Auch heute sagen noch alle: ‚Wie schade, dass diese Zeit vorbei ist!'

Ich bestellte damals auch öfters tagsüber eine große Musikkapelle, z. B. für 2 Stunden vormittags vor dem Pockinger Pfingstfest oder nachmittags die Obernberger Musikkapelle. Die spielten dann zwar bei uns auf der Terrasse – aber genauso für das Thermalbad nebenan, weil man drüben ja alles gut gehört hat. Ab 1950 organisierte ich auch für einige Jahre die Badefeste in Füssing: Damals hatten wir ein kleineres Bierzelt für ca. 200 Leute. Ich erinnere mich, dass wir eines Tages einen Pockinger zu Besuch hatten, den Herrn Friedrich. Der war inzwischen in New York, im Waldorf-Astoria-Hotel als Oberkellner: Er bezahlte eine ganze Bierzeltrunde – und alle ließen den Herrn Friedrich hochleben! Diese von Josef Holzapfel organisierten Badefeste waren sehr erfolgreich, vor allem das Sommerfest war immer der Höhepunkt des Jahres, wenn extra ein Bierzelt auf dem Thermalbad-Gelände aufgestellt wurde. Abend für Abend öffnete Josef Holzapfel seine „Seemanns-Bar" im Souterrain, nicht nur für

Freunde der christlichen Seefahrt. Er führte das Lokal – ausgestattet mit echtem Schiffs-zubehör – Steuerrad, Positionslampen, Fischernetzen und vielem mehr – wie der Kapitän sein Schiff. So entstand unter seiner Regie ein Treffpunkt, der sich mit der Zeit immer größerer Beliebtheit erfreute.

Josef Holzapfel wusste seinen Besuchern unterhaltsame Abende zu bereiten und als besonderen Clou hatte er für Stammgäste stets eine Leiter parat: Wenn spät abends das Wasser im Becken schon abgekühlt war – und der Nachwächter schlief – ließ er seine Gäste zum Baden über die Mauer steigen … Die Stammgäste gingen selten vor 3 Uhr heim und oft nahmen sie auch noch ein paar Flaschen Sekt mit – doch Josef Holzapfel stand pünktlich um 7 Uhr früh wieder in der Küche, um das Frühstück für seine Gäste zu bereiten: „Nein – ich war nie müd'!" Die Freude und der Stolz über das bereits Erreichte ließen Josef und Maria Holzapfel ungeahnte Kräfte wachsen. Josef sah sich inzwischen umringt von freundlichen Helfern und Nachbarn. Josef und Maria Holzapfel waren fest entschlossen, das Hotel, wie es ursprünglich geplant war, um zwei zusätzliche Etagen auf insgesamt 40 Betten zu vergrößern. Allerdings fehlte es vorläufig gänzlich an den entsprechenden finanzi-ellen Mitteln.

1955 Eine neue Postkarte für das neue „Hotel Holzapfel"

1955 Die Nachbarn

Der Prozess

Josef und Maria Holzapfel freuten sich über das sichtbare Ergebnis ihrer Anstrengungen. Getrübt wurde dieser erste Erfolg von einem Gerichtsverfahren wegen Beamtenbestechung, das ausgerechnet aus nächster Nachbarschaft gegen die Wirtsleute angestrengt wurde, und das kam so:

Nachdem Josef Holzapfel sein „Restaurant am Thermalbad" eröffnet hatte, blieb er nicht lange allein. Etwa 1950 tauchte Paul Kaiser aus Berlin in Füssing auf, nachdem er in den „Nürnberger Nachrichten" von der Füssinger Thermalquelle gelesen hatte. Paul Kaiser war nach seinem ersten Kurversuch vollkommen überzeugt von der imponierenden Heilkraft des Wassers für sein Rheumaleiden. Er machte sich bald danach in Füssing ansässig und richtete unmittelbar neben Josef Holzapfels Wirtsstube 1951 sein „Café Kaiser" ein. Bald darauf setzte sich bei Josef Holzapfel die Kläranlage zu. Da das Wasser nicht mehr ablief, musste die Kläranlage ausgeschöpft und abgegraben werden.

Der Wirt kam bei der Beseitigung der unerwarteten Störung mächtig ins Schwitzen: Es blieb ihm nichts anderes, als den Klärschlamm auszuheben und jenseits des Gästebereichs in unmittelbarer Nähe zum Kaiserschen Grundstück zu deponieren.

Währenddessen stand Paul Kaiser auf seiner Terrasse und schimpfte „Pfui – Du Dreckschwein!"

Josef wischte sich die Stirn und konterte, „Komm a mal her, Du Saupreiß, ich hau Dir gleich so a Schaufel voll aufi!"

Daraufhin kam es natürlich zu einer ganzen Reihe von Auseinandersetzungen, Streitereien und Unstimmigkeiten, die aber im Verlauf der folgenden – guten – Saison beigelegt werden konnten.

Ein Jahr später schien dieser Zwischenfall vergessen und Josef Holzapfel konnte auch Paul Kaiser zu seinen Gästen zählen. Im Laufe eines vergnüglichen Abends erzählte Josef in geselliger Runde, wie er nach Malching gekommen war und welche Anstrengungen ihm die Zuzugsgenehmigung in Regensburg gekostet hatte.

Doch Paul Kaiser und zwei weitere, nur vermeintlich freundliche Nachbarn, reagierten auf diese arglose Offenherzigkeit mit einer Anzeige wegen Beamtenbestechung. Es kam zu einer Verhandlung im Amtsgericht Rotthalmünster, die sich in der Schilderung von Josef Holzapfel ausnimmt, wie das „Königlich Bayerische Amtsgericht" im Fernsehen: Paul Kaiser trat zuerst vor den Richtertisch und begann seine Aussage mit einer Aufzählung von erlittenen Beleidigungen. ‚Sau-Preiß', hätte Holzapfel ihn genannt und ...

Weiter kam er nicht, weil der Richter ihn unterbrach: „Wieso, sind Sie denn keiner?" Zugereiste hatten damals einen eigenen Stand.

Während Paul Kaiser und Konsorten in dem gerichtlichen Verfahren alle Mühe hatten, sich mit ihren Anschuldigungen zu behaupten, konnte Josef Holzapfel sich auf seine Zeugen verlassen.

Der Richter kam zu dem Schluss, dass Stammtisch-Rituale nun einmal ihre eigenen Gesetze hätten – vor allem zu vorgerückter Stunde beim Holzapfel-Wirt in Füssing.

Paul Kaiser sollte noch eine weitere Lektion in Bayrischer Lebensart bekommen. Als er seinem Mitstreiter klagte „Jetzt haben wir den Prozess doch verloren!" hielt dieser ihm entgegen: „Macht nix, aber das Zeugengeld – das kriegen wir!"

Pfarrer Vorderreisinger

Eines Abends bekam Josef Holzapfel in seiner Gaststube Besuch von Herrn Pfarrer Vorderreisinger aus Safferstetten. Man kannte sich – und Josef war sich völlig darüber im Klaren, dass sein Gast ihm nicht besonders wohl gesonnen war: Kurz zuvor hatte der Geistliche von der Kanzel her gegeißelt, dass die Anwohner Sonntags nun keine Zeit mehr hätten, die Messe zu besuchen, weil sie den Vorabend in einer Kneipe in Füssing verbrachten – und erst früh morgens mit Gesang heimfänden.

Doch Pfarrer Vorderreisinger wollte Josef Holzapfels Hilfe in einer heiklen Angelegenheit. Er wusste bereits, dass der Wirt sich dafür verwendet hatte, dass das Laverseder-Grundstück als Baugebiet ausgewiesen wurde. Da er nun beabsichtigte, ein ganz bestimmtes Eckgrundstück für seine Köchin zu kaufen, kam er ins Lokal, um Hilfe zu holen für den Handel.

Josef Holzapfel ließ die Chance nicht ungenutzt, den Pfarrer für sich einzunehmen. Da an diesem Abend viele alte Stammgäste im Lokal waren, setzte Josef auf deren Mithilfe und bat einen Jeden, dem Hochwürden ein Glas Wein auszugeben.

Josef Holzapfel: „Ich sagte, zahlen brauchst Du das nicht – das mach' ich! Spät abends haben die dann den Herrn Hochwürden nach Safferstetten heimgschleift: Er hat aber nie wieder über uns geschimpft, so einen Fetzen-Rausch hatte der Herr Pfarrer!"

Das Kurhotel

„Erwin Voelter war Inhaber mehrerer Hotels – der „Parkhotel-Betriebe" – im Raum Nürnberg Fürth und selbst leicht behindert. Der Hotelier war so begeistert vom Thermalbad, dass er spontan den Rohbau vom Rosenfeld kaufte, fertig stellte und 1957 eröffnete. Da es aber bei den Bauarbeiten zu Verzögerungen kam, wurde zunächst nur ein Teil des Hotels fertig, und zwar der Zimmertrakt neben dem Hauptgebäude – in unmittelbarer Nachbarschaft zum Hotel Holzapfel.

Als die ersten eingeladenen Gäste bereits eintrafen, obwohl das Restaurant noch in Bau war, musste eine Lösung gefunden werden. Insbesondere, weil zu diesen ersten Gästen auch eine Prinzessin von Schönaich gehörte, die gehbehindert war und stets im Rollstuhl saß. Man musste ihr in den Rollstuhl helfen, auch war sie nicht in der Lage, die Haustür aufzusperren oder mit ihrem Rollstuhl die Straße zu erreichen, weil die Außenarbeiten noch in vollem Gange waren."

Als Josef Holzapfel von diesen misslichen Umständen erfuhr, bot er seine Hilfe an, die auch gerne angenommen wurde: Und so kam es, dass er das adelige Fräulein jeweils zu den Mahlzeiten aus ihrem Zimmer in sein Restaurant holte und zurück brachte – was ihm mit seinen starken Armen keine besondere Mühe bereitete. Allerdings verursachte diese Aktion weit mehr Aufsehen, als er gedacht hatte:

„Da kam ich dann ganz unversehens in einen schlechten Ruf, weil ich im Parterre in das Fenster der Prinzessin eingestiegen bin – und plötzlich hieß es: ‚Der Holzapfel geht bei der Prinzessin fensterln ...!' Doch was sollte ich tun? Die Prinzessin war ja schließlich jeden Tag bei uns in Vollpension – da mussten wir sie schließlich herüber holen."

von links: Josef Rauch (Köche-Verein) und Heinz Paulus (Bayerischer Hotel- und Gaststättenverband) gratulieren Maria und Josef Holzapfel zur Hoteleröffnung

von links: Heinz Paulus, Elly Manz, 2 Gäste, Polizeichef Deisböck, Josef Rauch

links: Anreise im „Hotel Holzapfel", rechts: Josef und Maria Holzapfel bei der Arbeit

Das „Hotel Holzapfel" im Juni 1960

Hotel Holzapfel

HOTEL - RESTAURANT - CAFE
ZUM THERMALBAD
8397 BAD FÜSSING — ☎ 08531 - 21381/82

Staatlich anerkannte Heilquellen: 56° C

Das Hotel liegt direkt neben den natürlichen Mineral-Thermalbädern. Durch die lange Erfahrung mit unseren Kurgästen haben wir den Betrieb auf Ruhe und Bequemlichkeit eingestellt.

Speisesaal, Sitzgruppen in der Halle, Liegewiese mit Liegestühlen, genügend Parkplätze, das alles steht den Hausgästen zur Verfügung. Fernsehraum, Terrasse sind ebenfalls vorhanden.

Arztpraxis und Massageinstitut, sehr gut eingerichtet, bieten den Gästen alle Anwendungsmöglichkeiten in unserem Haus.

Ihre Zufriedenheit — unser Bestreben.

Alljährlich wiederkommende Stammgäste sind unsere Empfehlung.

Kommen auch Sie zu uns ins Hotel Holzapfel.

Fischen im hauseigenem Fischweiher —
Gemeindliches Schwimmbad heizbar und Tennisanlage des Tennisclubs 100 m vom Hotel entfernt.

	Bettenpreis mit Frühstück pro Gast DM	Vollpension pro Gast DM
Einbettzimmer mit Haustelefon	35.—	61.—
Einbettzimmer mit WC, Bad oder Dusche und Haustelefon	49.—	75.—
Einbettzimmer mit WC, Dusche, Balkon und Haustelefon	60.—	86.—
Zweibettzimmer mit WC, Dusche und Haustelefon	41.—	67.—
Zweibettzimmer mit WC, Süd-Balkon, Dusche und Haustelefon	50.—	76.—
Zweibettzimmer mit WC, Dusche oder Bad, Balkon und Haustelefon	60.—	86.—
Zweibettzimmer mit WC, Dusche, Balkon und Haustelefon	66.—	92.—

Incl. Mehrwertsteuer und Bedienung und sonstige Abgaben außer Kurabgabe und Bäder.

Vollpension schließt ein: Frühstück, Mittag- und Abendessen.

Unser Hausgast kann auch bei Vollpension à la Karte wählen. Auf Wunsch wird Halbpension gegeben.

Thermalbäder und Kurbehandlungen im Hause.

Überdachter Gang zu den Thermalschwimmbädern.

Pro Tag und Übernachtung werden von der Thermalbad GmbH DM 8.— für den ganzen Tag berechnet.

Amtliches Telefon täglich 1.— DM.

Preisänderungen vorbehalten.

Krönner, 11. 80 - 5000

1955 Run auf die Rechte

1954 erzählte man sich in Füssing, dass die BMI plante, die Therme, bzw. die Wasserrechte, zu verkaufen und tatsächlich erklärte Generaldirektor Dr. Emil Gundermann: „Das Bad oder der Begriff passt nicht in unser Konzept. Wir sind eine Grundstoffindustrie und müssten steuerlich einen neuen Betrieb anmelden." Die BMI hatte sich zuerst an den Freistaat Bayern gewandt, doch der sah sich 1955 nicht in der Lage, 250.000 bis 300.000 DM für den Nießbrauch auszugeben.

Nun suchte die BMI vor Ort nach einem Käufer und obwohl nun 520.000 DM verlangt wurde – inklusive der Bohr- und Baukosten – gab es eine ganze Reihe von Bewerbern: Dazu gehörte auch Josef Holzapfel, zusammen mit anderen Persönlichkeiten. Josef Holzapfel: „Ich hatte mich mit ein paar Geschäftsfreunden zusammengetan. Wir interessierten uns natürlich sehr für den Kauf und warteten nur noch auf den Ortner, dem das Grundstück ja gehörte.

Einen Geschäftsführer hatten wir auch schon, doch dann trat auch noch Haßfurter an uns heran und wollte sich beteiligen. Er meinte, ob wir nun fünf oder sechs seien – das wäre ja wohl egal. Josef Holzapfel und seine Partner trauten ihren Augen nicht, als sie am 15. Juli 1955 die Zeitung aufschlugen und lesen mussten, dass der „Thermalbad Füssing GmbH", bzw. dem Ehepaar Alfons und Dr. Johanna Haßfurter, die Quellrechte und sämtliche bis dahin vorhandenen Einrichtungen übertragen wurden.

„Nun ja, Haßfurter war damals wirklich gut im Geschäft und belieferte sogar „Mitropa" (damals Deutsche Bahn) und „Bachmeier München", allerdings musste er ja für das Wasser an die BMI bezahlen. – Was lag also näher, als zu kaufen?"

1959 Das „vollendete" Hotel Holzapfel

„Die Pläne für die Aufstockung waren zu dieser Zeit zwar längst fertig, doch finanziell ließ sich der Ausbau – 2 Etagen mit 26 Betten – erst 1959 realisieren. Baulich gesehen war es wieder wie beim letzten Bau; meine Frau und ich haben wieder möglichst viele Hilfsarbeiten gemacht.

Allerdings hatte ich inzwischen einen Hausmeister, mit dem ich das Dach im Herbst 1959 schon abgetragen habe, während ich noch immer auf der Suche nach einem Baumeister war. Erst als ich den Rupert Dötter in Bayerbach gefunden hatte, wurden wir uns ohne ein Kostenangebot einig. Der Dötter rückte mit einem Bautrupp an und hatte immerhin schon einen Lastenaufzug dabei. Mein Hausmeister und ich haben dann alle Hilfsarbeiten gemacht – die Kocherei lief nebenbei."

„Bei der Nivellierung des Kanals (Fa. Meier, Rotthalmünster) musste der Ingenieur tiefer graben lassen, als ursprünglich vorgesehen war, um das notwendige Gefälle zu bekommen. Da die Küche im Keller war, legten wir einen Schacht an und pumpten das Wasser ab. Einmal ging die Pumpe kaputt und wir standen bis zu den Knöcheln im Wasser. Da habe ich den Franz Ortner angerufen, der kam sofort mit seiner Jauchepumpe und half, bis unsere Pumpe wieder repariert war. Ja, das war schon einmalig, wie hilfsbereit der Ortner sein konnte, wenn man in der Klemme saß!"

„Natürlich profitierten wir bei diesem Ausbau von der guten und gründlichen vorherigen Arbeit, aber umgekehrt mussten wir es auch büßen, wenn wir vorher zu sehr gespart hatten. Zum Beispiel versuchte ich 1954, bei der Isolierung zu sparen. Ich fragte bei den Heraklit-Werken in Simbach, ob ich nicht gratis einen Heraklit-Staub bekommen könnte und das ging in Ordnung. Der Boxhammer von Malching hat mir den Staub dann mit dem Wagen nach Füssing gefahren, aber es war sehr gefährlich: Ich selbst habe den Staub bei der Heraklit aus dem Silo herausgeholt und zuhause ausgeladen.

1959 haben wir festgestellt, dass unsere Leitungen nicht schwitzten, sondern leck waren: Der Heraklit-Staub hatte die Warmwasserleitungen angegriffen. Da mussten wir nicht nur den ganzen Heraklit-Staub wieder wegräumen, sondern auch viele neue Leitungen verlegen. Im Juni 1960 (siehe Seite 112 bis 113) konnten wir endlich unser schönes großes Hotel voll in Betrieb nehmen."

„Beim ersten und zweiten Bau kümmerte sich meine Frau um die Gäste und um das Hotel, ich war Koch und Hausmeister zugleich und machte nebenbei die ganze Wäsche: Die Buben mussten beim Mangeln helfen. Ja, und der Neulinger in der Firma Hilz in Pocking zeigte mir die Buchführung.

Später holte ich mir einen Hausmeister dazu – den Alois Pfaffinger. Weil der ein ganz pfiffiger Kopf war, zeigte ich ihm das Kochen. Ich stellte eine Frau Zeisel als Küchenhilfe ein und auch die ersten Lehrlinge, das waren der Dieter Nagel, der Werner Almang und die Maria Späth."

1950 Auszug aus dem Buch von Paul Kaiser (1900-1974) „Wie ich Füssing fand[1]":

„Im Herbst 1950 brachten die „Nürnberger Nachrichten" die Aufnahme eines Freibades mit folgender Unterschrift: ,Das gibt es nicht nur in Amerika, sondern auch in Deutschland. In Füssing bei Passau wurde nach Erdöl gebohrt und stattdessen eine Thermalquelle gefunden. Sicher wird dort dereinst ein Bad entstehen.' Auf dem Bild war nur ein Badebecken zu sehen, in dem ca. drei oder vier Personen badeten. Durch den Wasserdampf war die Aufnahme unscharf. Näheres war nicht zu erkennen.

Paul Kaiser vor seinem Café

Als Zonenflüchtling suchte ich mir eine neue Heimat und Existenz. Ich glaubte hier einen Wink des Schicksals zu erblicken. Wenige Tage später fuhr ich von Nürnberg in Richtung Passau. In Straubing unterbrach ich die Fahrt und besuchte Geschäftsfreunde von früher. Ich hatte die kühne Hoffnung, schon hier etwas Näheres zu erfahren. Durch diverse Telefongespräche und sonstige Erkundungen konnten

---

[1] Paul Kaiser „Die heißen Quellen von Bad Füssing"

meine Bekannten mir nur erklären, dass in Straubing niemand ein Thermalbad Füssing kenne oder davon gehört habe. Am folgenden Tag ging es weiter nach Passau. Gegenüber vom Bahnhof mietete ich ein Zimmer im Nürnberger Hof bei Frau Schmidt. Meine erste Frage an die reizende alte Dame war natürlich Füssing. Dabei zeigte ich ihr das oben angeführte Bild. Ihre Antwort bestand nur aus einem ungläubigen Staunen und der Erwiderung, dass sie davon noch nie etwas gehört habe. Ich machte mich nunmehr auf die Suche nach diesem ominösen Bad. Zuerst ging ich zurück zur Auskunft in den Bahnhof. Nach Vorzeigen des Bildes bat ich um Auskunft, wo und wie ich Füssing erreichen könne.

Nach langem Suchen und Befragen erklärte mir der Beamte, dass es in Niederbayern keinen Ort Füssing gebe. Jetzt besuchte ich sämtliche Behördenstellen: Post, Polizei, Arbeitsamt, Hauptzollamt, Verkehrsamt usw. Überall stellte ich fest, dass man interessiert das Bild anschaute und nun persönlich feststellen wollte, wo Füssing sich eigentlich befinde, besonders auf dem Hauptzollamt, wo man sehr zuvorkommend war und mir unbedingt helfen wollte. Überall die Feststellung ,dieses Thermalbad gibt es nicht, denn einen Ort namens Füssing gibt es in keinem Verzeichnis.'

Inzwischen war es Abend geworden. Den Mut hatte ich noch nicht sinken lassen. Am nächsten Tag besuchte ich sämtliche Gaststätten, Hotels, Cafés, Konditoreien und Großhandelsfirmen. Am Abend dasselbe Ergebnis, wie am Tag zuvor. Der dritte Tag meiner Passauer Odyssee war der interessanteste. Ich war zu dem Ergebnis gekommen, dass das Thermalbad doch in einer ziemlichen Entfernung von Passau liegen müsse, sonst hätte doch irgendeiner von den von mir Befragten etwas wissen müssen. Also konnte man es nur mit einem Wagen erreichen. Ich suchte nunmehr die Betriebe und Personen auf, bei denen ich mit Sicherheit rechnen konnte, daß sie einen Pkw besaßen. Auch diese Aktion verlief erfolglos.

Jetzt mußte ich einmal abschalten, um nicht mutlos zu werden. Am Ludwigsplatz studierte ich die Kinoplakate. Also auf in die Capitol-Lichtspiele. Seit dem Morgen regnete es unaufhaltsam. Ich freute mich auf einen geheizten Kinoraum. Die Tür war noch verschlossen, denn erst eine Stunde später begann die Vorstellung. Ein Pfeil wies auf ein Café über dem Kinoraum. Hier war ich der einzige Gast. Vor dem Ofen lag ein großer Schäferhund, der zwei Minuten später schon mit mir Freundschaft schloß. Mit der Wirtin unterhielt ich mich und dabei erwähnte ich so nebenbei meine Suche nach dem Bad Füssing. Darauf gab sie mir zur Antwort, daß dies stimme. Ihre Bekannten führen öfter am Sonntag dorthin zum Baden. Ich muß gerade kein geistreiches Gesicht gemacht haben, denn sie lachte sehr herzlich auf mein Gestammel, wo es denn liege, kein Mensch habe hier in Passau eine Ahnung. Nun, sie werde ihre Bekannten telefonisch fragen, wo es liegt, denn sie selbst sei auch noch nicht dort gewesen. Telefonisch teilte man ihr mit, daß ihre Bekannten für einige Tage verreist seien. Im Laufe der weiteren Unterhaltung konnte sie mir den Hinweis geben, daß ihre Bekannten mehrmals erwähnt hätten, daß sie in die Richtung nach Simbach führen.

Am folgenden Tag fuhr ich mit dem ersten Zug in Richtung SIMBACH. Immer noch regnete es, als ich den Zug bestieg. Den Zugschaffner befragte ich nach dem Thermalbad Füssing. Seine kurze Antwort lautete, das gebe es nicht, denn sonst hätte er bestimmt schon etwas davon gehört. Übrigens mußte ich mindestens viermal meinen Platz wechseln, da es durchregnete. Fast alle fünf bis acht Minuten hielt der Zug und die Einsteigenden befragte ich unermüdlich nach ‚Füssing'. Immer wieder die gleiche Antwort, ‚das kennen wir nicht'. Allmählich war es hell geworden und wieder hielt der Zug. Ich konnte den Namen der Station erkennen, es war RUHSTORF. Hier stiegen mehrere Frauen zu. Auf meine üblichen Fragen gab mir eine den Rat, da ich nach Simbach fahre, müßte ich auf der nächsten Station Pocking umsteigen, denn dieser Zug fahre nach Neumarkt/St. Veit. In Pocking sollte ich doch den Inhaber des Bahnhofkioskes ausfragen. Ich befolgte den Rat. An der Sperre wies ich meine Fahrkarte vor und bat den Beamten um Auskunft, ob er das Thermalbad Füssing kenne. Er sah mich nur verständnislos an und antwortete mir grob, das kenne er nicht.

Jetzt sollte ich eine Überraschung in dem Kiosk erleben. Die Antwort auf meine Frage lautete, ‚Um 10.30 Uhr können Sie von hier mit dem Omnibus nach Rotthalmünster fahren. Der Bus hält am Thermalbad!'

Es war kaum 7 Uhr vorbei. Ich ließ mir den Weg beschreiben, denn nun hatte ich keine Ruhe mehr. Bis hinter Pocking war ich auf der B 12. Da konnte man trotz des Regenwetters noch einigermaßen bequem laufen. Schräg gegenüber der Tankstelle Köbl sollte ich in einen Feldweg einbiegen, und dann wären es noch fünf Kilometer. Dieser Feldweg war überhaupt nicht zu beschreiben. Ein Loch buchstäblich neben dem anderen, alle mit Regenwasser gefüllt. Einmal Rollkies, und gleich darauf glitschiger Ackerboden. So balancierte ich auf dem Feldweg entlang, der übrigens mehrere Male kreuz und quer durch verschiedene Einöden führte. Endlich erreichte ich wieder einige Bauernhöfe. An einem scheunenähnlichen Gebäude sah ich ein Ortsschild mit der Aufschrift ‚FÜSSING'.

Ich habe lange dieses Schild angeschaut und mir gesagt ‚Ja, das ist Füssing, aber mir kann keiner erzählen, daß dieses Kaff ein Thermalbad sei!' – Während ich noch so grübelte, steht hinter mir ein junger Bauer. ‚Ich suche Füssing', erklärte ich ihm. – ‚Na, da steht es doch', gab er mir zur Antwort und wies auf das Ortsschild. – ‚Ich suche aber das Thermalbad', erwiderte ich. – ‚Dann gehen Sie hundert Meter weiter, und da sehen Sie es!'

Ich hatte keine hundert Meter gebraucht, da hatte ich einen unvergesslichen Anblick. Vor mir eine trostlose Einöde. Kein Baum, kein Strauch in dem Regendunst in der Ferne, der nächste Ort Safferstetten kaum zu erkennen. Nach links sah man undeutlich langgestreckten Wald. Mitten in dieser wüstenartigen Öde, wie eine Fata Morgana, ein niederer, weißer Barackenbau. Darüber lag eine dicke Dampfwolke, die in langen Schwaden über die Ebene zog. Dies war das gesuchte Thermalbad Füssing.

Das Gebäude war ziemlich klein. Zu beiden Seiten der Tür waren je fünf Fenster. Beim Eintritt umfasste mich eine wohlige Wärme und ich war überrascht, mit welcher Liebe und welchem Verständnis eine Baracke in ein Badehaus umgewandelt worden war. Was besonders ins Auge fiel, war die Sauberkeit. Nach dem Schmutz der Straße wagte man kaum einzutreten.

Alles einfach – aber sauber

Eine junge Frau, die mich begrüßte, führte mich dann zur Besichtigung durch die Badebaracke. Rechts neben dem Eingang waren das Büro und die Kasse mit einem Schalter für die Badegäste. Gegenüber war eine kleine Küche, denn es war die Möglichkeit gegeben – durch den Einbau von sechs Kabinen – eine mehrwöchige Badekur durchzuführen. Diese Kabinen waren also keine großen Zimmer, jedoch für die damalige Zeit sehr nett ausgestattet.

Eine Flüchtlingsfrau, eine ehemalige Köchin, sorgte für das leibliche Wohl. Fünf Kabinen waren vermietet und ich belegte sofort die sechste. Aus einem Kiosk, der allerdings nur die Größe eines mittleren Kleiderschrankes hatte, konnte ich eine Badehose leihen. Da ich vorsorglich von zuhause ein Handtuch mitgenommen hatte, war ich nunmehr als Badegast komplett. An Badegästen waren drei ältere Damen und zwei Herren da. Diese Gäste interessierten mich natürlich aus verständlichen Gründen. Ich wollte wissen, für welche Leiden dieses Wasser als Heilmittel geeignet war und die Temperatur interessierte mich besonders. Von dem

Personal konnte mir niemand eine befriedigende Auskunft geben. Man verwies mich an die im Freibad befindlichen Hausgäste. Mit lautem Hallo wurde ich von diesen Herrschaften im Wasser begrüßt und nun ging das große Rätselraten los, für was das Thermalwasser gut sei. Die Badegäste, vier waren Geschäftsleute aus der näheren Umgebung Pockings und einer war der Gerichtsvollzieher aus Simbach. Fast alle waren über das Thermalwasser – 38 °C – begeistert, nur der Gerichtsvollzieher schimpfte unentwegt. Man teilte mir mit, daß dieses Thermalwasser mit über 52 °C aus der Erde komme.

Bei Tagesanbruch konnte man schon baden gehen und die Köchin rief uns aus dem Wasser, wenn der Kaffeetisch gedeckt war. Nach dem Frühstück ging man selbstverständlich wieder in das Badebecken. Nach dem Mittagessen war zwei Stunden Schlafpause und dann ging es wieder in das Bad bis zum Abendessen. Dann fiel man todmüde ins Bett. Ich muß heute nachträglich feststellen, daß ich mich nach den acht Badetagen nie wieder so gesund und unternehmungsfreudig gefühlt habe wie damals. Zwei Nachmittage hatte ich dazu benutzt, um mir die Gemeinde Safferstetten anzusehen. Ich sprach einige Personen an, um deren Meinung über das Thermalbad zu hören. Die Antworten waren meist ablehnend bzw. negativ. Nicht ein einziger Einheimischer zeigte sich über dieses Gottesgeschenk beglückt oder erfreut.

Anders war die Resonanz in Füssing. Hier standen sechs Bauernhöfe, die zur Gemeinde Safferstetten gehörten. Der Sohn des kleinsten Bauern hatte in der Erwartung, daß das Thermalbad bald größer wird, gegenüber des Badeeinganges eine große Holzunterstellhalle für Autos errichtet. Leider war es bis dato ein Ereignis, wenn ein Pkw diese Halle benutzte. Mit dem Erbauer und Eigentümer der Unterstellhalle, Georg Berger Junior, erörterte ich die Absicht, mich in Füssing seßhaft zu machen. Er war ganz begeistert über mein Vorhaben und versprach mir, mich weitgehendst zu unterstützen. Von ihm erfuhr ich zum Teil die Entstehung des Bades. Er gab mir gleich von vornherein zu verstehen, daß es schwer sei, ein passendes Grundstück zu beschaffen. Seine Eltern würden mir sofort etwas Land verkaufen, aber das liege in der Flur und wäre somit völlig ungeeignet.

Wunderheilung

Während der Achttage-Badekur wohnte neben mir der schon angeführte Gerichtsvollzieher. Er hatte unter sehr starken rheumatischen Schmerzen zu leiden. Jede Nacht gegen ein oder zwei Uhr erschien er regelmäßig bei mir im Zimmer. Er bat um Entschuldigung, daß er mich im Schlaf störe, aber er habe irrsinnige Schmerzen. Er müsse sich in irgendeiner Form unterhalten, bis diese Schmerzen allmählich nachlassen. Ich forderte ihn auf, mir von seiner Tätigkeit zu erzählen, da ich mit einem Gerichtsvollzieher bisher noch nie das Vergnügen gehabt hatte. Hierbei erfuhr ich, daß er dienstlich alles mit dem Motorrad erledigen müsse und bei Wind und Wetter täglich unterwegs sei. Dadurch sei er dauernd erkältet und habe auch das schwere Rheuma bekommen. Seit weit über einem Jahr schicke man ihn von einem Rheumabad in das andere, ohne Ergebnis. Jetzt sei er auf eigene Kosten in 'diesem Mistbad'. Er sei jetzt in der dritten Woche hier und seit einigen Tagen seien die Schmerzen nicht mehr zu ertragen. Nach ca. zwei Stunden Unterhaltung war ich dann eingeschlafen. Dann ging mein Zimmer-Nachbar auch schlafen. Am nächsten Tag im Freibad wollte er sich immer wieder entschuldigen.

Heute weiß ich, warum mein Freund, der Gerichtsvollzieher, nach zwei Wochen Kur plötzlich die enormen Schmerzen bekam. Die Pferdekur – von früh bis in die Nacht im Wasser – keine ärztliche Überwachung, ohne jede Kenntnis über die enorme Stärke der Heilkraft der Therme, hatte eine verstärkte Reaktion verursacht.

Etwa 14 Monate nach diesem Ereignis kam eines Tages in mein inzwischen eröffnetes Café Kaiser ein Herr. Er hatte fast die Figur wie Curd Jürgens, der Filmschauspieler. Dieser Herr begrüßte mich mit einem Schlag auf die Schulter, daß ich fast in die Knie ging. Und nun redete er auf mich ein, bis er merkte, daß ich mich nicht an ihn erinnern konnte. ,Ich bin doch der Gerichtsvollzieher aus Simbach, kennst du mich nicht mehr?'

Das kleine, von Rheumaschmerzen gekrümmte Männchen sollte jetzt dieser vor Kraft strotzende Mensch sein? – Ich konnte es nicht fassen. Auf meine Frage, wo er sein Rheuma geheilt habe, sah er mich direkt vorwurfsvoll an und sagte ,Bei euch in eurem Bad!'.

Jetzt nahm er einen Stuhl und abwechselnd schleuderte er einmal das linke und dann das rechte Bein mehrmals über die Stuhllehne. ,Das leistet euer Thermalbad' und dann sagte er mir, daß die unbeschreiblichen Schmerzen nach meiner Abfahrt noch einige Tage angehalten hätten und es dann jeden Tag besser geworden sei. Er habe dann einige Wochen unterbrochen und dann noch einmal eine Drei-Wochen-Kur in Füssing gemacht.

Jetzt fahre er nicht mehr auf dem Motorrad, sondern habe einen Pkw."

Paul Kaiser über Jendo Rosenfeld (geb. 1925)

Auch der in Waldstatt überaus erfolgreich tätige Metallwarenhändler Jendo Rosenfeld aus Wien – ein junger Mann von 23 Jahren, aus einer sehr begüterten jüdischen Familie, der selbst das KZ nur knapp überlebte – wollte sich in Füssing ansässig machen. Jendo Rosenfeld war bei Kriegsende auf dem Flugplatz beschäftigt. Er war danach in den Besitz einer Genehmigung zum Abbruch mehrerer Flughallen und des Fernkraftwerks gekommen, die ferner auch das Ausgraben der großen Betriebsstofftanks an der Rollbahn bzw. das Entrümpeln des gesamten Flugplatzes beinhaltete. Da der Schrotthandel gerade zu dieser Zeit – durch den Korea-Krieg – enorme Erträge brachte, verfügte Jendo Rosenfeld über ein stattliches Vermögen. Rosenfeld kaufte 1953 das neben dem Kaiser noch verbliebene Grundstück vom Ortner und begann darauf ein exklusives Kurhotel nebst Casino zu errichten.

Er beauftragte eine Wiener Architektin mit dem Bau und zwei große Baufirmen aus Pocking und Rotthalmünster mit der Ausführung der baulichen Maßnahmen. In den großzügigen Gesellschaftsräumen hatte man eine mondäne Spielbank, ein „Casino", und auch eine elegante „Sahara-Bar" vorgesehen, für die – wie man sich in Safferstetten hinter vorgehaltener Hand zuraunte – schon „drei attraktive Negerinnen als Bardamen" engagiert worden waren...

Hier wird ein größeres Hotel eines Pockinger Unternehmers erbaut, das alle bisherigen Bauten an Größe weit übertrifft

Aber dann kam die Katastrophe. Rosenfeld hatte von seinem Onkel in Wien die Zusicherung, dass er sich mit einem Betrag in Höhe von 800.000 DM beteiligen würde. Aber dann wurde dieser Onkel verhaftet und kam in Untersuchungshaft – woraufhin dieser Selbstmord verübte.

Fast über Nacht war der Traum vom Kurhotel ausgeträumt – ein harter Schlag nicht nur für Rosenfeld, sondern auch alle ortsansässigen Lieferanten und Handwerker: Und nicht zuletzt der Banken, die dies Vorhaben zuerst fast freudig unterstützten.

1957 Badebetrieb im Thermalbad Füssing

Alfons Haßfurter (1900-1985) „Füssinger Mineralwasser"

Alfons Haßfurter sen. (1900-1985) wurde zwar im April 1900 in Waldkirchen geboren, aber bald zog die Familie in die Stadt. 1903 kaufte sein Vater – von Beruf Kaufmann, Glaser und Zinngießermeister – ein größeres Geschäftshaus am Michael-Fischer-Platz in Deggendorf. Viele aufwändig von ihm gefertigte Kirchenfenster in und um Deggendorf lassen sich heute noch bewundern.

Alfons Haßfurter erhielt eine kaufmännische Ausbildung und verbrachte seine Ferien gern in den österreichischen Alpen. Dort lernte er die Philologin (mit Doktortitel) Johanna (1913 -2004) aus Wien kennen, bald darauf fand die Hochzeit statt. Die Familie lebte in Deggendorf – Alfons Haßfurter arbeitete als Generalvertreter für Gerresheimer-Glas-Düsseldorf, der damals weltgrößten Glasfabrik. Auf diesem Weg lernte Haßfurter 1951 den Limonadenhersteller Fuchs in Unterrohr (Gemeinde Kühnham) und das Füssinger Thermalwasser kennen: Fuchs holte sich das Quellwasser mit einem Tankwagen aus Füssing, denn er verfügte über eine Konzession des BMI (Alleinvertrag), Thermalwasser als Mineralwasser abzufüllen und zu verkaufen (für den Kubikmeter Thermalwasser zahlte er an die BMI 20 Mark, lt. Paul Kaiser[1]). Die dafür benötigten Glasflaschen kaufte er bei Alfons Haßfurter bzw. Gerresheimer Glas.

Während man von nun an Alfons Haßfurter und Familie regelmäßig sonntags im Füssinger Thermalbad antreffen konnte, geriet Fuchs immer mehr in Schwierigkeiten. Es gab zunehmend Probleme mit der Reinigung des schwefelhaltigen Thermalwassers. Als sich die Reklamationen häuften und Fuchs ganze Lieferungen „Füssinger Wasser" zurücknehmen musste, verkaufte Fuchs seine Konzession am 13. Mai 1952 an – Alfons Haßfurter. Bald darauf kaufte Haßfurter in unmittelbarer Nähe des Thermalbades ein Baugrundstück und baute die Pension „Claudia", die 1954 eröffnet wurde: Im Erdgeschoss gab es eine Konditorei mit einem Café, und im großen Hauptbau eine moderne Anlage zum Abfüllen von Mineralwasser und zur Herstellung von Limonaden. Im oberen Stockwerk befand sich die Pension „Claudia", sowie private Räumlichkeiten. Während die Limonadenfabrik florierte, zeigte die für modernste Verfahren eingerichtete Mineralwasseranlage Schwächen. Auch Alfons Haßfurter mühte sich ohne besonderen Erfolg, das gewünschte „Füssinger Mineralwasser" herzustellen: Die Schwefelteile ließen sich nicht lösen.

_____

1 „Die heißen Quellen von Bad Füssing"

Trotzdem dachte Haßfurter nicht daran, seine Lizenz zu verkaufen, im Gegenteil. Doch man konnte ihn immer öfter in Gedanken versunken und nachdenklich rechnend erleben. Inzwischen war es 1954 geworden, und überall in Füssing kannte man nur ein Thema: Die BMI wollte die Quellrechte an den Freistaat Bayern verkaufen, und obwohl man nur 260.000 DM verlangt hatte – lehnte der Freistaat ab. Nun traf sich der Kaufmann immer öfter zu diskreten Gesprächen mit Dir. Gundermann, ohne dass dabei Dritte eingeweiht wurden.

Hotel „Claudia" 1954

Der große Coup am 15. Juli 1955

Während Alfons Haßfurter und Frau Johanna schon vorher Füssing verlassen hatten, verbreitete die Passauer Neue Presse am 16. Juli 1955 eine Neuigkeit, mit der niemand gerechnet hatte. Die Zeitung berichtete:

> „Am 15. Juli 1955 um 10 Uhr vormittags erfolgte im Münchner Hotel „Vier Jahreszeiten" die Übergabe der Thermalquelle Füssing an die „Thermalbad Füssing GmbH". Der Deggendorfer Kaufmann Alfons Haßfurter hatte in Anwesenheit von Direktor Gundermann von der BMI, Generaldirektor Carlo Schmitt von der „Preussag" und einem Herrn von der „Vacum Oil" unterschrieben. 470 000 Mark – also doppelt so hoch wie das Angebot an den Staat – war der Preis."

Die „Thermalbad Füssing GmbH" – das waren Alfons und Dr. Johanna Haßfurter; ihnen gehörten nun nicht nur die Quellrechte, sondern auch sämtliche bis dahin vorhandenen Einrichtungen. Von nun an war Alfons Haßfurter ständig auf der Suche nach Krediten und Geldgebern für seine Bautätigkeiten. Da es 1954 und 1955 bereits zwei große Konkurse gegeben hatte, war kaum eine Bank mehr bereit, sich zu engagieren.

Kurz nach dieser Unterzeichnung traf Alfons Haßfurter ausgerechnet auf Erwin Voelter, Inhaber mehrerer Hotels im Raum Nürnberg/Fürth. Voelter hatte herausgefunden, dass das Quellwasser seine Rheumabeschwerden linderte und war aus diesem Grund geneigt, sich auch finanziell am Ausbau der Therme zu beteiligen. Die Gespräche liefen noch, als es zur Versteigerung der Rohbau-Ruine von Jendo Rosenfeld kam – besser gesagt, als Voelter den Rohbau ersteigerte. Da Voelter offensichtlich noch über genug Mittel verfügte, eine Beteiligung an der Therme aufrecht zu erhalten und sogar an einer direkten Zuleitung von Thermalwasser interessiert war, wurde man sich rasch einig. Alfons Haßfurter freute sich über das Geld – Erwin Voelter über die Vorteile für das Kurhotel, das er gerade erworben hatte. Haßfurter und Voelter waren gewiss, damit die notwendigen Weichenstellungen für eine erfolgreiche Zukunft Füssings bewerkstelligt zu haben. Schließlich hatte man ein gemeinsames Ziel: Beide Partner – die „Thermalbad Füssing GmbH" wie auch für das neue „Kurhotel Bad Füssing" – wollten anspruchsvolle Kunden in den jungen Kurort holen.

1957 Weichenstellung und Neu-Eröffnung

Nun ging es an den Aus- und Umbau der Freibadanlage. Man begann, ein überdachtes Thermalbecken zu bauen mit einem Ruheraum für 50 Personen, dazu zeitgemäße Duschen und Umkleidemöglichkeiten. Lange suchte man nach einer Idee für ein größeres Badebecken im Freien, das markant, modern und modisch zugleich sein sollte. Schließlich hatte Dr. Johanna Haßfurter die zündende Idee, dass sich ein großer, wasser-speiender Pilz am besten eignen würde, die Quelle darzustellen. Damit war – praktisch wie auch im übertragenen Sinn – endlich ein Bild gefunden, das den jungen Kurort Füssing von nun an als Wahrzeichen verkörpern würde.

Im Frühjahr 1957 wurde das weitläufige Thermengelände mit einem überdimensionalen, pilzförmigen Quellzulauf inmitten von einem großen runden Badebecken unter großer Anteilnahme der Öffentlichkeit eingeweiht.

1957 Weichenstellung und Neu-Eröffnung

Nun ging es an den Aus- und Umbau der Freibadanlage. Man begann, ein überdachtes Thermalbecken zu bauen mit einem Ruheraum für 50 Personen, dazu zeitgemäße Duschen und Umkleidemöglichkeiten.

Lange suchte man nach einer Idee für ein größeres Badebecken im Freien, das markant, modern und modisch zugleich sein sollte. Schließlich hatte Dr. Johanna Haßfurter die zündende Idee, dass sich ein großer, wasser-speiender Pilz am besten eignen würde, die Quelle darzustellen. Damit war – praktisch wie auch im übertragenen Sinn – endlich ein Bild gefunden, das den jungen Kurort Füssing von nun an als Wahrzeichen verkörpern würde.

Im Frühjahr 1957 wurde das weitläufige Thermengelände mit einem überdimensionalen, pilzförmigen Quellzulauf inmitten von einem großen runden Badebecken unter großer Anteilnahme der Öffentlichkeit eingeweiht.

Alfons Haßfurter jun. neben Dr. Johanna Haßfurter

Der Pfarrer segnet die Füssinger Quelle, re. neben Ehepaar Haßfurter, Erwin Voelter

Dr. Alfons Haßfurter, Junior (geb. 1945) erinnert sich

Dr. Alfons Haßfurter erinnert sich an eine schöne Kindheit, zusammen mit zwei Schwestern und an die Geborgenheit in einer Großfamilie. Fern von geschäftlichen Zwistigkeiten pendelt er zwischen Schule – später Internat, der Familie in Deggendorf und Füssing – und Pension Claudia mit dem Thermalbad. Dr. Alfons Haßfurter: „Natürlich waren die 50er-Jahre – vor und nach der Gründung der Thermalbad Füssing GmbH – eine enorm wichtige Zeit für unsere Familie. Ich war damals ja nur ein Schuljunge und habe erst viel später von diesen geschäftlichen Dingen erfahren. Zu dieser Firmengründung muss man sagen, dass mein Vater Voelter als Kreditgeber ansah, dem er vorübergehend eine 40-%-Beteiligung an seiner GmbH ausstellte. Als Haßfurter später über ausreichende Einnahmen verfügte, wollte er Voelter dieses Geld zurückzahlen. Doch er rechnete nicht mit dem Widerstand von Erwin Voelter, der Teilhaber bleiben wollte. Damit waren dann natürlich viele Konflikte vorprogrammiert."

„Unsere Familie lebte lange Zeit in Deggendorf, und dort bin ich auch geboren. Später verbrachten wir die Ferien und viele Wochenenden jeweils in Füssing in der Pension ‚Claudia'. Das fanden wir Kinder natürlich großartig; wir haben ganze Nachmittage im Wasser verbracht. Da fällt mir ein, dass mein Vater immer darauf geachtet hat, dass es jeden Tag frisches Wasser in den Badebecken gab."

„Die Oma Lia saß an der Kasse und da haben wir getobt, getaucht – ja, wir sind auch reingesprungen, auch wenn das dem Bauhuber, der damals Bademeister war, natürlich überhaupt nicht gefallen hat! Der Bauhuber hatte einen ‚eisernen Arm', eine Armprothese wegen einer Kriegsverletzung. Manchmal riefen wir ‚Old Silver' wie in dem Buch ‚Die Schatzinsel', das damals alle Buben kannten. Das gefiel ihm durchaus, denn er hatte auch viel Humor. Er lachte dann und riss drohend seinen Stumpf in die Höhe." „Ja, und dann gingen wir alle zusammen – mit der ganzen Familie – zum Mittagessen, gern auch zum Holzapfel nebenan. Ich erinnere mich, wie wir einmal auf der Terrasse gewesen sind: Das Essen war immer sehr lecker, aber einmal brachte er uns zum Nachtisch, ganz zum Schluss noch einen Eisbecher, der mir in Erinnerung geblieben ist. Dieses Eis war versteckt unter einem Schlagsahneberg – und verziert mit Schokoladenplätzchen. Das war ja an sich schon etwas, das uns Kinder in Begeisterung versetzte, aber ganz obendrauf steckte – als i-Tüpfelchen sozusagen – noch ein kleiner Papierschirm, in der Farbe der Sonnenschirme um uns herum! Holzapfel wusste immer etwas, um seine Gäste zu überraschen."

Badefreuden, oben 1950 und unten 1958

1954 Der „Füssinger Hof"

Nicht alle Geschäftsleute konnten ihre ehrgeizigen Pläne in Füssing verwirklichen. So wie Jendo Rosenfeld, musste auch ein Herr Raßhofer aus Dingolfing, der begann, ein weiteres Hotel in der (damaligen) Safferstettener Straße zu bauen, 1953 kurz nach dem Richtfest Konkurs anmelden. Seine finanziellen Mittel reichten nicht aus. Als Anfang der Fünfziger Jahre viele Reisende noch große Mühen auf sich nehmen mussten (wie Paul Kaiser, Seite 63 und Erwin Voelter, Seite 89), um die Füssinger Heilquelle überhaupt zu finden, gab es von Süden her schon Badegäste, die mit dem Bus anreisten. Florian Schönberger, ein findiger Reiseunternehmer aus Eggenfelden, hatte früh von dieser besonderen Bademöglichkeit in Füssing erfahren und prompt reagiert. Schon nach kurzer Zeit verkehrten die Busse regelmäßig aus dem Raum Simbach/ Eggenfelden zur Therme in Füssing.

Florian Schönberger (geb. 1909-1990) erkannte schon bald nach dem 1. Weltkrieg die Wichtigkeit der gerade aufkommenden Automobile und investierte – zusammen mit seiner Frau Therese (geb. 1908-2011) – bereits 1933 in ein Fahrgastunternehmen. Schon bald verfügte das Ehepaar über mehrere Klein- und Reisebusse. 1936 wurde Tochter Luzia geboren. Das Unternehmen florierte, doch dann kam der 2. Weltkrieg. Florian Schönberger wurde für den Kriegsdienst eingezogen, verwundet und zwar „kriegs-untauglich", aber trotzdem „dienst-tauglich" eingestuft. Von nun an musste er mit eigenen Bussen zwar nicht an die Front, aber an den Westwall (franz. Grenze), um dort für Truppentransporte zu sorgen. Währenddessen führte seine Frau Therese das Busunternehmen alleine weiter – und nicht nur das: Therese Schönberger saß selbst am Steuer und brachte mitten in diesen schweren Kriegsjahren auch noch ihr zweites Kind – den Rudolf – zur Welt.

Luzia Miesgang (geb. Schönberger) erzählt

Luzia Miesgang erinnert sich, dass zuhause der Betrieb immer im Mittelpunkt aller Anstrengungen stand. Aber vor allem erinnert sie sich im Frühsommer 1952 an die erste Busreise nach Italien, an der sie teilnehmen durfte. Luzia erzählt von dieser damals abenteuerlichen Reise: „Der Vater steuerte den Bus über gefahrvolle Serpentinen, Pässe und enge Dörfer. Und dann war es geschafft – die Schneefelder waren überwunden und die italienische Tiefebene breitete sich vor den Reisenden aus. Bald war man am Meer – auch in Venedig – und in einer anderen Welt. Das Leben dort im Süden war so ganz anders als zuhause. Tagsüber traf man sich in

Cafés auf Bürgersteigen, abends zum Wein in kleinen Bars und tanzte bei Kerzenlicht. Leere Chianti Flaschen dienten als Kerzenhalter und die Gäste bestimmten das jeweilige Musikprogramm, denn vorn an der Bar stand eine Musikbox: Man brauchte nur sein Lieblingsstück auszusuchen, ein paar Lire einzuwerfen – und die dazugehörige Nummer drücken. Die laute Tanzmusik war bis auf die Straße zu hören – und alle freuten sich und feierten mit. Wenn man dann zurück zum Hotel ging, war es noch immer angenehm warm auf den Straßen und in den Gärten blühten Zitronenbäume, die einen betörenden Duft verbreiteten – es war einfach unvergesslich!"

1954 fuhr Florian Schönberger in eigener Sache nach Füssing, um Erkundigungen über die Raßhofer-Ruine einzuholen, die zum Verkauf stand. Die Tochter durfte ihn begleiten und während er mit dem Eigentümer verhandelte, ging Luzia zum Baden in die Therme. Dieser Tag muss unter einem ganz besonderen Stern gestanden haben, denn für beide – für den Vater wie für die Tochter – sollten die weitreichenden Ereignisse dieses Nachmittags schicksalhafte Folgen haben: Während Florian Schönberger von nun an alle Vorbereitungen traf, den Raßhofer-Bau für sich und seine Familie zu erwerben – begegnete Tochter Luzia im Thermalbad dem Mann ihrer Träume – Kurt Wagner.

Luzia Schönberger hatte nach Abschluss der Höheren Schule in Simbach (bei den Englischen Fräulein) die damals übliche (Höhere) Haushaltungsschule besucht. Da sie obendrein noch ein Trainingsjahr bei der Sparkasse in Eggenfelden absolviert hatte, galt sie für damalige Zeiten als gut vorbereitet für die vielfältigen Tätigkeiten in einem Hotel. Luzia lacht heute und meint: „Wir alle hatten ja damals von Tuten und Blasen – und von der Hotellerie – keine Ahnung!"

Schon zu Pfingsten 1955 wurde der „Füssinger Hof" eröffnet. Die Presse jubelte. Das Hotel „Füssinger Hof" erwarb sich schnell einen hervorragenden Ruf. Es hatte eine erstklassige Küche, konnte 48 Gäste beherbergen und hatte viele hohe Politiker, Künstler und allseits bekannte Persönlichkeiten zu Gast.

Arbeit – Arbeit – Arbeit

Frühmorgens war Luzia im Frühstücksdienst am Buffet (Getränkeausgabe) zu treffen, und mittags und abends hatte sie in der Küche am „Pass" zu „annoncieren" (die Kellner brachten die einzelnen Tisch-Bestellungen, die an die Köche „ausgerufen" werden mussten zum „Pass", genauso war das zügige Abholen der heißen

Gerichte zu überwachen). Luzia Miesgang kann sogar noch eine „Abend-Karte" für Pensionsgäste vom 16. November 1957 vorzeigen, und dazu eine „Restaurant-Speisekarte" für Passanten. „Da unser Restaurant direkt an der Straße zum Thermalbad lag, hatten wir jeden Tag sehr viel Laufkundschaft und um die 120 Essen!" Während dieser Zeit absolvierte Rudolf Schönberger, der inzwischen die Schule beendet hatte, eine Kochlehre in einem großen Münchener Hotel. Schon bald kehrte er zurück in den Familienbetrieb, denn es galt, den großen Andrang von Passanten und Pensionsgästen im Restaurant – zusammen mit dem Küchenchef und einer Anzahl von weiteren Köchen und Küchenhelfern – zu bewältigen.

Zwischendurch hatte Luzia die Speisekarten zu schreiben (mit der Schreibmaschine auf „Matrizen", die „abzuziehen" waren). Aber vor allem waren täglich enorm viele Büroarbeiten zu erledigen – Anfragen, Reservierungen und Hotelrechnungen für die Gäste, dazu interne Abrechnungen – auch Bestellungen – eben die Buchhaltung mit allem Drum und Dran.

Therese Schönberger kümmerte sich um die Reinigung des Hauses, die Wäsche und alles „hauswirtschaftliche" – Vater Schönberger um alles „technische" und die Gäste, vor allem aber um sein Reiseunternehmen und die „Ausflugsfahrten mit Aussichtswagen nach Österreich, Passau, Bayerischer Wald usw."

Im Übrigen galt die Parole „Jeder hilft jedem!" Da blieb nicht viel Zeit für ein Privatleben – und schon am 20. Februar 1956 wurde geheiratet. Kurt Wagner, Spross einer Passauer Fabrikation, stellte nicht viele Fragen. Er machte sich im Hotel nützlich und unterstützte seine zukünftige Frau, wo immer er konnte. Schon 1958 wurde dem Ehepaar ein Sohn geboren, der dem chaotischen Alltag der Familie noch eine neue Dimension schenkte: Die große Freude der Eltern wurde getrübt durch die ständige Gewissheit, dass die Kinderbetreuung organisiert und familiäre Bedürfnisse in eine ungewisse Zukunft verschoben werden mussten.

Kurt Wagner kümmerte sich insbesondere um die Anfragen, Reservierungen und Vermittlung von Busreisen und stellte dazu ein „Fremdenverkehrshäuschen" auf den hauseigenen Parkplatz. Bald engagierte er sich in leitender Funktion im Fremdenverkehrsausschuss (siehe Seite 29 und PNP, Seite 114 bis 115) und gestaltete den touristischen Bereich des Ortes, der ja noch in den Kinderschuhen steckte. Im Übrigen beschäftigte Kurt Wagner ab 1960 eine für damalige Verhältnisse ungewöhnliche Nebentätigkeit – die Fliegerei. Er verfügte schon bald über einen Flugschein.

Pionierleistung: Florian Schönberger ermöglichte schon 1952
seinen Bus-Reisenden die Überquerung der Alpen

1952 Eine Reise nach Venedig – dem Land der Träume

Imperial Triple Sec 16.11.1957

<u>A b e n d - K a r t e</u>

Nudelsuppe	-.40
Brätspätzlesuppe	-.50

<u>Lebende Fische:</u>
Schleie blau mit Butter und Salzkartoffeln   n.Gr.

Kalbsschnitzel natur oder in Rahmsauce
mit Teigwaren und Salat   3.20
Kalbsleber "Berliner Art" mit Kartoffeln
und Salat   3.20
Roastbeef englisch mit junge Bohnen und
Schloßkartoffeln   3.--
Kassler Rippchen mit Sauerkraut und
Salzkartoffeln   2.50
Blätterteigpastetchen gefüllt mit feinem
Ragout und Zuckererbsen   2.40
Ungarisches Saftgoulasch mit Teigwaren
und rote Beete   2.40
Pikanter Toast mit Schinken, Käse, Ei,
und Sardelle   1.80

Eisbecher "Special" mit Früchten u.Sahne   2.--

...DARAUF EINEN *Dujardin*

HOTEL-RESTAURANT FÜSSINGER HOF

BESITZER: THERESE UND FLORIAN SCHÖNBERGER

Pfannen-Grill-Gerichte	**VOM KALB**		
Zubereitungsdauer 15 – 20 Minuten	Wiener Schnitzel mit gem. Salat	3.80	
	Natur-Schnitzel mit Reis	3.80	
	Rahm-Schnitzel mit Teigwaren	3.80	
	Paprika-Schnitzel mit Reis	3.80	
	Pariser Schnitzel mit Erbsen und pommes frites	4.50	
	Holsteiner Schnitzel	5.—	**12367**
	VOM RIND		
	Wiener Rostbraten mit Bratkartoffeln	3.80	
	Rumpsteak mit Meerrettich, Salat und pommes frites	4.80	
	Filetsteak mit Ei und Schwenkkartoffeln	4.50	
	Entrecot double „Gärtnerin Art", fein garniert für 2 Personen	9.—	
	VOM SCHWEIN		
	Schweine-Schnitzel paniert	3.—	
	Schweineschnitzel natur mit Salatteller	3.—	
	Schweinekotelette geb. mit Mayonnaisensalat	3.20	
Salate, Gemüse, Beilagen	Salatplatte nach „Art des Hauses"	2.60	**3467**
	Feine Salatplatte, mit Ei garniert	2.20	
	Spargel-Salat mit Käse und Schinken	2.60	
	Gemüseplatte mit Spiegelei	2.80	
	Butterbohnen - Buttererbsen	-.60	
	Reis	-.60	
	Pommes frites	-.80	
	Knödel oder Kartoffel	-.40	
	Kartoffelsalat	-.40	
	Kopfsalat, Tomatensalat, Gurkensalat, Bohnensalat		
	— nach Jahreszeit —		
Kompotte	Joghurt mit Früchten oder Preiselbeeren	1.10	
	Ananas-Kompott in Scheiben	2.—	
	Johannisbeer-Kompott	-.60	
	Kirschen-Kompott	-.60	
	Pflaumen-Kompott	-.60	
	Apfelmus	-.60	
	Kompott nach Wahl	-.80	
Fische	Nach Jahreszeit (siehe Tageskarte)		

zuzüglich 10 % Bedienung

Nach den lebensmittelrechtlichen Vorschriften sind bestimmte, ausdrücklich zugelassene Stoffe auf dieser Speisekarte zu kennzeichnen. Die Kennzeichnung durch die Anwendung der Ziffern 1, 2, 3, 4 „mit Konservierungsstoff 1, 2, 3, 4" 5 „mit Farbstoff" 7 **mit Hexamethylentetramin**

Innenansichten des „Füssinger Hof"

Das Thermalbad Füssing und der „Füssinger Hof" 1958

links, Therese Schönberger mit Luzia und Kurt Wagner,
rechts, Kurt Wagner und das erste „Verkehrsbüro" in Füssing

Der „Füssinger Hof" entwickelte sich als erfolgreicher Familienbetrieb, schon bald konnte man erweitern, an- und umbauen. Aber dann kam ein Jahr, dass Angst und Schrecken für Luzia Wagner und die ganze Familie brachte. Es begann ausgerechnet am 26. Dezember 1963, als es durch einen Kurzschluss zu einem Hotelbrand kam, der große Teile des „Füssinger Hofs" zerstörte.

Der Schaden war enorm. Man hatte sich allein damit zu trösten, dass niemand körperlich versehrt wurde. Während man mit dem Wiederaufbau beschäftigt war, traf Luzia und die ganze Familie Schönberger ein neuer, herber Schicksalsschlag: Kurt Wagner nahm zusammen mit Freunden im April 1964 an einer Überführung von Flugzeugen aus Prag teil. Auf dem Rückflug kam schlechtes Wetter auf. Kurt Wagner verunglückte mit seinem Flieger – wie auch zwei seiner Freunde mit ihren Maschinen. Luzia Wagner war plötzlich Witwe geworden, und doch sollte sie nicht einmal die Möglichkeit haben, sich – zusammen mit ihrem Sohn – eine Zeit lang ihrer Trauer zu widmen. Schon sehr schnell stellte sich heraus, dass sie nun mit aller Entschlossenheit und Kraft um den Erhalt des familiären Betriebs kämpfen musste. Luzia Wagner kämpfte – und gewann. Sie verließ Bad Füssing erst in den 70er Jahren, weil sie erneut geheiratet hatte. Nun führte Rudolf Schönberger mit seiner Frau Evi den „Füssinger Hof", zusammen mit den Eltern, bis das Hotel 1996 verkauft wurde. Florian Schönberger wurde 81 Jahre alt – Therese Schönberger ist 2011 im Alter von 103 Jahren gestorben.

1959/60 Winter auf der einspurigen Safferstettener Straße Richtung Ortsmitte
das Fremdenverkehrshäuschen ist zu sehen, aber eine „Kurallee" gibt es noch nicht

1959 Voelters Kurhotel

Etwa 1958: Erwin Voelter, Frau Voelter, sowie die Töchter Trudy rechts und links Inge

1955 Erwin Voelter und das „Kurhotel"

Der Nächste, der nach Füssing kam, war Erwin Voelter auf der Reise zu seinem österreichischen Arzt, der sein Rheuma kurieren sollte. Geboren (1901-1971) in Salzburg, eröffnete der gelernter Konditor in München eine Patisserie. Später studierte er Betriebswirtschaft, bevor er sich im Raum Nürnberg/ Fürth selbständig machte. Auf diesem Weg wurde er Inhaber der Parkhotel-Betriebe und begehrter Gastgeber für verwöhnte Städter.

Erwin Voelter übernachtete in Passau und lernte das Thermalwasser bei einem Abstecher nach Füssing kennen. Er fasste schnell Vertrauen zu dieser Quelle und vor allem zu Dr. Hoenig, dem Badearzt, den er dort antraf – so dass er gar nicht mehr weiter reiste, sondern sich vor Ort einer Badekur unterzog. Sein gesundheitliches Befinden besserte sich so sehr, dass Voelter bereits ein halbes Jahr später wieder nach Füssing kam um zu kuren.

Da er die bescheidenen Füssinger Verhältnisse ja bereits bei seinem ersten Besuch kennen gelernt hatte, verfügte er bald über einen engeren Kontakt zu Alfons Haßfurter (Inhaber der Thermalbad Füssing GmbH). Auch Haßfurter interessierte sich sehr für den betuchten Geschäftsmann aus Fürth, denn Voelter hatte zu erkennen gegeben, dass er sich seit seiner beginnenden Genesung dem Wohle Füssings verpflichtet fühlte und gern bereit war, Geld in die Therme zu investieren. So war man sich rasch einig geworden: Voelter würde 40% der Gesellschaft zeichnen – es fehlte nur noch die notarielle Fassung der Vereinbarung.

Etwa gleichzeitig hörte Erwin Voelter nun, dass die Baustelle bzw. der Rohbau des Jendo Rosenfeld – in nächster Nähe zum Thermalbad – zu versteigern sei. Voelter fuhr völlig unvorbereitet, aus reinem Interesse an dieser Verhandlung am 24. Sept. 1955 zum Amtsgericht nach Rotthalmünster. Es handelte sich um eine Zwangsversteigerung, denn es hatte bereits eine erste, erfolglose Versteigerung gegeben. Im Laufe des Verfahrens wurde bekannt gegeben, dass man nicht zu vertagen gewillt war. Mangels Interessenten – auch dieses Mal hatten sich anscheinend nur Schaulustige eingefunden – wurde nun die Summe, die für die Baustelle verlangt wurde, noch einmal drastisch heruntergesetzt auf 130.000 DM.

Kurz und gut: Erwin Voelter ließ sich diese Gelegenheit nicht entgehen. Er bot 131.000 DM – und erhielt den Zuschlag. Damit krönte der versierte Hotelier nun den gesundheitlichen Erfolg seiner Kur mit einer kaufmännischen Aktion, die seiner

Geschäftstätigkeit ein vollkommen neues Gesicht geben sollte. Die Beteiligung an der Therme – über die direkte Zuleitung von Thermalwasser ins Hotel sowie eine Beteiligung an der Wasserschüttung – war ja an sich schon eine zukunftsweisende Investition. Doch zusammen mit dem Erwerb des Hotel-Rohbaus in bester Lage erfuhr diese Investition eine Aufwertung, die er sich nicht einmal erträumt hatte.

Doch nun warteten daheim die „Park-Hotel-Betriebe Fürth" auf ihn und die Aufgabe, dieses spontane Engagement gegenüber seiner Familie, seiner Frau, sowie den beiden Töchtern Trudy und Inge – allesamt betraut mit leitenden Positionen innerhalb des Familienbetriebes – zu rechtfertigen...

Trudy Voelter-Zink erzählt

1955 war Trudy Voelter-Zink 24 Jahre alt; sie erinnert sich noch gut an diese Zeit und vermutet, dass ihrem Vater die Fertigstellung der notariellen Verträge mit Haßfurter leichter gefallen sind, als die Aufgabe, „seine drei Frauen" für das neue Projekt „Kurhotel in Füssing" zu gewinnen. Der Füssinger Standort zählte wegen der Entfernung zum Innufer zur „Pockinger Heide", landschaftliche Schönheit suchte man hier vergebens. Doch da Voelter die einzigartige Heilkraft des Füssinger Wassers buchstäblich am eigenen Leib erfahren hatte, fasste er den unbeirrbaren Entschluss, „dieses Wasser der Menschheit zuzuführen".

Nun galt es, die erworbene Baustelle zu prüfen, Baupläne zu ändern und Bauunternehmen und Handwerker zu finden. Angesichts der Tatsache, dass man in Füssing weit entfernt lag von den benötigten Einkaufsmöglichkeiten, die Städte wie Nürnberg oder Fürth nun einmal zu bieten hatten, muss es für Erwin Voelter eine große Herausforderung gewesen sein, diese Aufgabe zu meistern. Allein für die Fahrzeit von Füssing nach Fürth war schließlich mehr als 5 Stunden Fahrzeit einzurechnen.

„Wir sind im Hotel groß geworden"

Trudy Voelter-Zink erinnert sich an viele Hindernisse, die die Eröffnung immer wieder verzögerten. Die Fertigstellung und vor allem die Ausstattung des Kurhotels nahmen geraume Zeit in Anspruch und die Eröffnung musste mehrmals verschoben werden. Das war insofern lästig, weil tagtäglich Gäste kamen und – fast verzweifelt – um Unterkunft baten: Die Nachfrage überstieg das vorhandene Angebot an Gästezimmern bei weitem. Als dann die ersten Gäste eintrafen, obwohl die

Handwerker das Restaurant noch nicht freigeben konnten, musste improvisiert werden. Solange der Frühstücksraum noch nicht fertig war, behalf man sich z.B., indem man den Gästen das Frühstück auf die Zimmer brachte.

Da es in Füssing selbst für den Hotelbedarf außer Lebensmittel kaum etwas zu kaufen gab und auch Pocking und Passau keine Fachgeschäfte führten, waren anfangs fast sämtliche Artikel in Nürnberg zu besorgen: So auch Toilettenpapier – oder Nachttöpfe, ein damals auch für vornehme Hotels unverzichtbares Utensil. Trudy Voelter-Zink erinnert sich, wie damals der größte Teil der Lieferung aus allerfeinstem Porzellan „verunglückte" und zu Bruch ging. „Das war ein Schaden, der zunächst wegen der Höhe des Verlustes, aber später wegen seiner Kuriosität in Gedächtnis geblieben ist." Die schlechten Straßenverhältnisse und Zustellmöglichkeiten aus dem Nürnberger Raum sollte noch lange ein Thema bleiben.

 Und dann dauerte es lange, bis die Küchenausstattung komplett war, währenddessen avancierte Trudy Voelter vertretungsweise zur Küchenchefin: „Das lernt man im Hotel. Es war Sommer und irgendwie bin ich zu einem Grill gekommen. Da gab es denn des Öfteren Hähnchen vom Grill oder ähnliches, das war damals sehr beliebt! Aber schließlich waren wir alle froh, dass wir einen wirklich guten Koch aus Safferstetten fanden."

Insofern sind Trudy Voelter-Zink auch von klein auf die Belastungen vertraut, die zum Hotelalltag gehörten: „Wir waren natürlich auch verantwortlich für das Thermalwasserbecken – wer denn sonst? Das Wasser kam ja mit etwa 56 °C herein, da musste es zuerst abgekühlt – d.h. gestoppt oder gedrosselt – werden. War das Wasser zu kalt oder zu heiß, das war das zentrale Thema – und mitunter auch ein richtiges Problem. Da es damals keine Überwachungstechnik gab, hatten wir ständig die Wassertemperaturen zu prüfen bzw. zu regulieren, denn das war ja die Voraussetzung für den Badebetrieb. Diese andauernde Aufmerksamkeit – vor allem musste man auch oft nachts aufstehen – stellte neben der Betreuung der Gäste die eigentliche betriebliche Herausforderung dar."

Mit der wachsenden Gästezahl und der Vergrößerung der Kapazitäten, musste auch das entsprechende Personal gefunden und ausgebildet werden. Dazu machte sich die Hotelchefin, Frau Voelter selbst auf den Weg und besuchte kinderreiche Familien in den umliegenden Ortschaften, Einöden und Gehöfen, um für ihr Haus bzw. für die Ausbildung in ihrem Haus zu werben. Dabei lernte sie eine Welt kennen, die ihr bis dahin weitgehend fremd geblieben war: Man misstraute allen Fremden, allen Zugereisten – ja, warum sollten sich denn Frauen und Mädchen außer Sichtweite des Hauses begeben und nicht zuhause putzen und kochen?! Eine moderne Ausbildung oder eine qualifizierte Berufstätigkeit für Mädchen und Frauen, das schien hier in der Pockinger Heide einfach unvorstellbar. Trudy Voelter-Zink erzählt, dass man ihre Mutter mehrmals vom Hof wies: „Nix da – unsere Töchter sind anständige Mädchen, die geben wir doch nicht für so was her!"

1961 Die neue Generation

Natürlich lernte die Trudy Voelter-Zink auch ihren späteren Ehemann im Kurhotel kennen. Karl Zink hielt sich dort Ende der 50er-Jahre zusammen mit seinen Eltern auf, jedoch nicht, um diese auf einer Kur zu begleiten – es war umgekehrt. Karl selber hatte in jungen Jahren bereits mit einem Bandscheibenvorfall zu kämpfen und hoffte auf Anraten des Arztes in München auf eine Heilung, bzw. Linderung der Schmerzen im Füssinger Wasser.

Das stellte sich aber erst viel später heraus, nachdem die Voelter-Tochter Karl – ganz entgegen ihrer entgegenkommenden Art – einigermaßen barsch und wenig freundlich, über ordentliches, sachgemäßes Verhalten im Thermalbad instruierte: „Zuerst hab ich gedacht, dass ist auch nur wieder so einer, der nicht genug kriegen kann. Ich hab dann gesagt, so geht das nicht! Er sollte nicht so lang im Wasser sein – höchstens 10 Minuten! Mein Vater hat immer gesagt, es kommt nicht darauf an, wie lange man im Wasser ist, sondern wie oft man geht. Der Körper nimmt die Mineralstoffe jedes Mal neu auf. Und zwischendurch müsse man sich hinlegen und ruhen, am besten unter einer warmen Decke!"

Aber als sie dann von den Einzelheiten erfuhr, änderte sich ihr Benehmen schlagartig – und dabei blieb es nicht: Auch Karl fand zunehmend mehr Interesse an seiner fürsorglichen Gastgeberin. Trudy Voelter-Zink erinnert sich und strahlt: „Und dann habe ich ihn besucht, daheim in München. Und wir sind uns recht bald schon einig gewesen."

Karl Zink lächelt leise dazu und vergisst nicht zu bemerken, dass sein angehender Schwiegervater sich plötzlich nicht mehr so freizügig verhielt, wie er es zuvor gewesen war. Die Frage der Unterbringung – seiner Unterbringung – bereitete doch immer mehr Umstände, so dass man schon allein deshalb habe heiraten sollen...
Nun – wer von den damaligen Vorschriften (der Gesetzgebung zur Beherbergung

von Hotelgästen) weiß, versteht auch, was Karl Zink gemeint hat. Noch bis 1969 kannte man den „Kuppelei-Paragrafen": Ein jeglicher, der sich dazu berufen fühlte, konnte einen Hotelier wegen Unzucht anzeigen, wenn dieser unverheiratete Männer und Frauen in nebeneinander liegenden Zimmern nächtigen ließ – bzw. keine Vorkehrungen gegen eventuelle Besuchsmöglichkeiten traf.

Alle Hoteliers waren bedacht, solch einer ausgesprochenen oder unausgesprochenen Rufschädigung jederzeit entgegen zu treten. Für Erwin Voelter – Vater von zwei sehr hübschen, überaus tüchtigen Töchtern im heiratsfähigen Alter – wird dies ganz besonders gegolten haben.

Luftaufnahme 1957

93

Trudy Voelter und Karl Zink heirateten 1960 und schon ein Jahr später wurde Carla geboren. Es ist nachzutragen, dass es Karl Zink nicht nur gelang, in Füssing sein früheres Leiden in den Griff zu bekommen – sondern auch als „Quereinsteiger" im Kurhotel neben seiner Frau Trudy eine sehr gute Figur abzugeben.

Das Kurhotel ist unter seiner Federführung immer wieder umgebaut und verbessert worden, ganz zur Freude der dankbaren Stammgäste, die dieses Engagement schätzen und das „Zink" als ihr zweites Zuhause betrachten.

Auf diese Art und Weise fahren Trudy und Karl Zink gern nach Füssing. Es gilt sich zu vergewissern, dass das Kurhotel unter der Führung der Carla Zink-Margraf und Ehemann Rudolf Margraf mehr denn je strahlt und glänzt – und die (groß-)familiären Bindungen zu genießen.

Luftaufnahme 1959, das Straßennetz wird ausgebaut

Spurensuche mit Altbürgermeister Franz Gnan

Meine Spurensuche soll mit einem Treffen bei Franz Gnan[1] enden, dem Altbürgermeister von Bad Füssing – prozess-erfahren, konflikt-erprobt und intimer Kenner vor Ort. Ich erwarte mir eine Quintessenz meiner Spurensuche.

„Herr Altbürgermeister, wer – oder was – hat letztendlich die Entstehung von Bad Füssing bewirkt?" „Nun, das weiß ich nicht, ich bin erst 1961 hierhergekommen."

Ja, aber gerade deshalb muss er es doch wissen. „War es die Familie Ortner, auf deren Grund sich dieser wertvolle Bodenschatz – in Form von Heilwasser – ausfindig machen ließ? War es die Familie Haßfurter, die mit ihrer Geschäftstüchtigkeit den Boden bereitete für den späteren Kurort? War es Josef Holzapfel, der auf seinen Reisen und im Krieg alle Grenzen des Daseins ausgekundschaftet hatte und in seinem Hotel revolutionäre Maßstäbe einer neuen Gastlichkeit verwirklichte? War es Erwin Voelter, der mit seiner Vision ‚dieses Heilwasser der Menschheit zuzuführen', von Anbeginn an das Ortsbild eines modernen Kur- und Erholungsbetriebs prägte, so wie wir es heute mit „Wellness" bezeichnen? Die Liste der Pioniere und der maßgeblich beteiligten Mitarbeiter lässt sich bis ins Unendliche führen. Oder waren es etwa doch die politischen Instanzen – und der Zweckverband?"

Franz Gnan ergänzt: „Nun, auf alle Fälle fehlt bei Ihrer Auflistung der medizinisch-therapeutische Aspekt, den die Dres. Zwick nach Bad Füssing gebracht haben, in Verbindung mit dem Erfolg unserer Kurkliniken!

Wenn man mich fragt, wie unser Kurort entstanden ist, gibt es darauf doch nur eine Antwort. Es ist das Thermalwasser gewesen, das das alles in Gang gesetzt hat – eine Quelle der Gesundheit für die einen, eine Geldquelle für die anderen. – Wir haben immer eine ‚Quadratur des Kreises' versucht, nämlich, das Wohl des einen mit dem Wohl des anderen zu verbinden."

Vor dem Fenster sehen wir drei junge Pferde, die auf einer gesicherten Weide ihre Kräfte messen. Wild und ungestüm geht es zu, wie bei einer Rauferei. Ein Tier beginnt zu taumeln, stürzt zu Boden, rafft sich aber gleich wieder auf, um den zwei

---

[1] Ab 1961 Verw.-Angestellter in Füssing, ab 1971 Gemeinderat, 1972-84 stellvertr. Bürgermeister, 1984-2002 1. Bürgermeister – 1995-2008 1. Vorsitzender Bayer. Heilbäderverband, 2001-2007 Vizepräsident Dt. Heilbäderverband

anderen nachzujagen. Es ist ein Wettkampf um des Wettkampfs willen – begehrlich, grob und zügellos. Franz Gnan lehnt sich zurück und nickt. „Die alles entscheidende Frage ist doch, wie wird es <u>bei uns</u> weitergehen? Immerhin ist in diesem Vertrag vom Nov. 1986 – mit 6 Parteien – der Konsens zur Koexistenz gefunden worden – nun muss auf dieser Basis gearbeitet werden. Insofern will ich einfach glauben, dass es auch ohne Streitigkeiten und Marathonprozesse geht."

„Die Pioniere der Gründerzeit hatten ja vergleichsweise nicht so viel zu verlieren – aber hier steht in Kürze unsere ganze Konkurrenzfähigkeit im europäischen Kur- und Bäderwesen auf dem Spiel – und die Zukunft einer ganzen Region."

Badebetrieb 1958

0

46—

MILITARY GOVERNMENT LIAISON AND SECURITY OFFICE
DET D-378, LANDKREIS GRIESBACH
APO 407 US ARMY

RFG/1h
23 July 1947

SUBJECT: Bathing at the Pearl-bath.

TO : Bürgermeister of Safferstetten and Füssing.

THRU : Landrat, Griesbach

    1.   Bathing facilities at the Pearl-bath located in the vicinity of the DP camp Pooking is for the sole use of Jewish DP's or camp internees and under no circumstances for German civilians living in that vicinity.

    2.   Attention has been called to Military Government Griesbach that inhabitants of Füssing and Safferstetten are forcing their way through into the bath.

    This will cease immediately.

    3.   Military Government has issued orders to the Jewish as well as to the German police in that area that all offenders will be apprehended and brought to Military Government Griesbach.

    Under current directives violators will be held responsible and tried by Military Government Court.

    Request a notice to this effect be published and posted at appropriate places so that people might become acquainted with it and claim no ignorance to the fact if they have to be brought in front of Military Government Court, for violating above directive.

    For the DIRECTOR:

REINALDO F GONZALEZ
2nd Lt.   AGD
Public Safety Officer

23. Juli 1947 Schreiben der amerikanischen Militärverwaltung

1952 fasste der Direktor der Bayerischen Mineralöl-Industrie, Emil Gundermann, die Entwicklung der Füssinger Therme in einem Vortrag zusammen:

Donnerstag, 6. November 1952

Öl wurde gesucht und eine Heilquelle wurde gefunden

Direktor Gundermann sprach beim Volksbildungswerk über Füssing

Pocking. Im Rahmen der Vorträge des Volksbildungswerkes Pocking sprach der Geologe Dr. Emil Gundermann, Direktor der Bayerischen Mineralgesellschaft und Leiter des Thermalbades Füssing, über die geologischen Voraussetzungen für die „Entdeckung" Füssings, zog Vergleiche mit den anderen bayerischen Thermalbädern und wies die Möglichkeiten der Weiterentwicklung der Therme auf.

Wie nicht anders zu erwarten war, war der Speisesaal des Jugendwohnheimes, in dem der Vortrag stattfand, schon lange vor Beginn überfüllt. Nachdem der Vorsitzende des Volksbildungswerkes, Bürgermeister Pühl, die Anwesenden und besonders Dir. Dr. Gundermann begrüßt hatte, begann dieser seinen interessanten und mit lebhaftem Beifall aufgenommenen Vortrag mit der Schilderung der Entstehungsgeschichte der Therme. Man habe selbstverständlich nicht an Thermalwasser gedacht, sondern an Erdöl, als man den seinerzeitigen verschiedenartigen geologischen Messungen die Versuchsbohrung folgen ließ, der man letzten Endes das heutige Thermalbad verdanke.

Dr. Gundermann wandte sich dann der Frage der Entstehung des Erdöls zu, das aus dem Protoplasma, also Überresten der Kleinlebewelt des Meeres, entstanden sei und erwähnte, daß sich in Küstennähe dieser voreiszeitlichen Meere, bzw. in flachen früheren Meeren am leichtesten Erdöl bilden konnte. Natürlich müßte das die die heutigen Öllager umgebende Gestein die Voraussetzungen dafür bieten, daß sich das Öl auch irgendwo sammeln könne. Es genüge nämlich nicht nur das sogenannte Öl-Muttergestein, das die mit „Kontinentalschlamm" bezeichnete ölhaltige Masse enthalte, sondern auch sogenanntes „Speichergestein", in dem sich Öl sammeln könne. Beides wechsele sich besonders in der Kreideschicht ab.

Bayern war einst Meeresboden

Das heutige, zwischen Donau und Alpen gelegene Becken sei einstmals ein Meer gewesen, das ziemlich flach gewesen sein müsse und der Tertiärzeit, also der Zeit vor rund 25 Millionen Jahren, angehört habe. Ganz Südbayern zwischen Alpen und Donau sei „erdölhöffig" und daher hätten sich auch alle größeren Erdölgesellschaften Konzessionen in diesem Raum gesichert und an den verschiedensten Stellen Bohrungen durchgeführt. (Siehe die unlängst von der Gewerkschaft E. bei Oberbirnbach durchgeführten Versuchsbohrungen). Der Redner schilderte sodann, wie es zu einer Versuchsbohrung komme. Wenn die grundsätzlichen Voraussetzungen gegeben seien, beginne die eigentliche Erdölsuche mit den geologischen und geophysikalischen Aufschlußarbeiten u. -Messungen, bei denen es wiederum die verschiedensten Verfahren, so seismische, elektrische, magnetische usw. gebe. Bei den elektrischen Verfahren bestehe sogar die Aussicht, daß man mit ihrer Hilfe eines Tages direkt Erdöl finden könne. Ölgetränktes Gestein verrate sich nämlich durch einen enormen elektrischen Widerstand. Das auf der Kenntnis der Schallgeschwindigkeit beruhende seismische Verfahren sei heute am häufigsten. Ein sogenannter Schuß werde an verschiedenen Stellen mit Geophonen angemessen. Nach Feststellung ölhaltiger Schichten erfolgen dann die Versuchsbohrungen, jetzt meist mit „Rotary-Bohrgeräten". Bohrungen seien aber noch teurer als alle geophysikalischen Vorarbeiten.

Das gibt es nur in Füssing. Die jungen Leute können trotz der Lufttemperatur von nur 8 Grad über Null lachen, denn dafür fließt das Thermalwasser mit 52 Grad Celsius nach. Photo: Riedler

Die Pockinger Haide war ölverdächtig

Vor dem Kriege seien in der Pockinger Haide und in der Griesbacher Gegend ausgedehnte Messungen aller Arten durchgeführt worden und dabei hart nördlich von Füssing ein „Abbruch" in nordwest-südöstlicher Richtung festgestellt, zu dem die im oberbayerischen Tertiärbecken gelegenen Abbrüche von Mühldorf, Diessen usw. parallel verlaufen. Bei der Füssinger Bohrung habe man folgende Schichten festgestellt: 8,70 Meter Quartär, 140 Meter mittleres Tertiär, 470 Meter älteres Tertiärgestein, 360 Meter Kreide und 180 Meter Jura, bevor man ganz unten auf kristallines Grundgestein mit rund 47 Meter durchbohrt wurde. Die untersten dieser Schichten seien etwa 130 Millionen Jahre alt. Man habe übrigens bei dieser Bohrung in verschiedenen Tiefen eine gewisse Bitumenhaltigkeit feststellen können. Das Öl habe man ursprünglich im Tertiär vermutet und dort auch 0,16 Prozent Bitumen gefunden, bei 530 Meter Tiefe im Kalk wieder einmal 0,17 Prozent und dann in der Kreide nur wieder 0,05 Prozent. Der Analytiker, der die Quelle untersucht habe, fand auch im Wasser Petrolcumspuren, was sich mit den Bohrergebnissen völlig decke. Daß man nun eben kein Erdöl gefunden habe, dafür hier aber die Therme, beweise, daß hier, wie auch bei Weihmörting und Birnbach, wohl Ölmuttergestein, aber kein Speichergestein vorhanden sei.

Wärmste und ergiebigste Therme Bayerns

In 915 Meter Tiefe habe man die Thermalquelle Füssing angebohrt. Ihre Temperatur von 52 Grad Celsius am Ausfluß ist eine der höchsten in ganz Deutschland und höchste auch die Bayerns, ebenso auch die Schüttung von 50 Litersekunden, die bei vielen vorgenommenen Messungen immer konstant blieb, wohl die höchste Bayerns. Der Druck betrage 5,2 Atü und selbst, wenn die Höchstschüttung abgelassen werde, immer noch 1,95 Atü. Die Analyse beweise dem geschulten Geologen, daß es sich um Tertiär-Wasser handele ,obwohl es aus dem Jura komme. Seine geringe Radioaktivität weise darauf hin, daß es Oberflächenwasser sei und keine juvenile Quelle aus dem Erdinnern. Das sehr ausgedehnte Einzugsgebiet der Quelle müsse ca. 50 Meter höher liegen, als der Quellausfluß. Dies alles berechtige zur Annahme unbegrenzter Lebensdauer der Quelle. Diese sei allerdings nur bis zu einer Tiefe von 902 Metern verrohrt und innerhalb der darunterliegenden unverrohrten Bohrung wären noch einige Meter etwas poröses Kreidesandsteins. Daher könnte unten eventuell mal ein kleiner Gesteinsnachfall eintreten, der aber technisch sehr schnell wieder zu beheben wäre.

Zuerst war es eine Enttäuschung

Nachdem von November 1937 bis Juni 1938 gebohrt wurde, sei das Thermalwasser zuerst für die Beteiligten eine Enttäuschung gewesen. Seinerzeit war kein Interessent für die Verwertung des Wassers zu finden und man verschloß die Quelle zur jederzeitigen Wiedereröffnung mit einem Schieber. Es gab noch die bekannten Sudetenbäder und man kam daher auf die Idee, die enorme Wärmeenergie industriell zu verwerten oder nach dem Vorbild der IG-Farben-Abwasserverwertung Großgewächshäuser damit zu beheizen. Dann kam der Krieg dazwischen und letztlich scheiterten alle Projekte am völligen Zusammenbruch des Jahres 1945. Im Jahre 1947 hätten dann bekanntlich die DP's die Quelle beschlagnahmt, geöffnet und das erste primitive, für Deutsche unzugängliche Bad errichtet. Man könne ihnen aber trotzdem es nicht böse sein, denn sie hätten den Grundstock gelegt, auf dem sich dann nach der Freigabe 1949 durch successive erfolgende bauliche und andere Verbesserungen langsam das heutige Thermalbad entwickeln konnte. Kabinenbäder, Kurräume, Küche, medizinische Einrichtungen usw. kamen nach und nach und dann auf Grund der günstigen Analyse und der wohlwollenden Hilfe des verstorbenen Professors Böhm am 28. Juni 1950 die staatliche Anerkennung.

Zweigstelle des balneologischen Institutes

Nach der erfolgten staatlichen Anerkennung sei eine Zweigstelle des balneologischen Institutes mit Badearzt, medizinischer Assistentin und Heilmasseusen geschaffen worden, was ja hauptsächlich nach der Mangel an Unterbringungsmöglichkeiten hemmend gewesen sei. Dir. Gundermann konnte aber trotzdem an Hand von Statistiken der drei letzten Jahre das ständige Zunehmen der Übernachtungen in den badeigenen Räumen und in den Nachbarorten nachweisen, ebenso, wie ständig rapid zunehmende Besucherzahlen und feststellen , daß diese eine äußerst erfreuliche Entwicklung sei. Vergleiche mit anderen bayerischen Schwefelbädern wie Abbach, Höhenstadt, Gögging usw. bewiesen, daß Füssing bei weitem das heißeste Wasser hat und die Quelle weitaus die größte Ergiebigkeit und den größten Gehalt an Mineralien hat. Alles in allem berechtige zu der Hoffnung, daß sich Füssing ständig weiter günstig entwickele und ein Kurort von Bedeutung werden könne, was im Interesse der ganzen Gegend nur zu wünschen sei.

Dr. Gundermann erhielt für seinen Vortrag dankbaren Beifall und Bürgermeister Bühl dankte ihm namens der zahlreichen Zuhörerschaft.

1953

Straßenbau spornte Unternehmerinitiative an

Gedanken zur heutigen Hebefeier der „Füssinger Straße"

Schnurgerade verläuft die neue Teerstraße von Füssing bis Angering, während der frühere Knüppelweg sich kurvenreich durch die Anwesen durchschlängelte. Links die neue Tankstelle, hinter der massive Garagen entstehen

Pocking. Wenn sich heute nachmittag die Initiatoren des Füssinger Straßenbaues mit den leitenden Herren der Baufirmen und den Männern vom Bau treffen, um mit der Hebefeier den offiziellen Abschluß der Straßenbaumaßnahme feierlich zu begehen, hätte eigentlich ein bedeutend größerer Personenkreis allen Grund zur Freude. Kein anderes der verschiedenen heuer durchgeführten Straßenbauprojekte dürfte diesem an Bedeutung gleichkommen, wie sich in nicht allzuferner Zeit herausstellen wird.

Niemand kann mehr bestreiten, daß die Voraussagen, die Füssing's langsame Weiterentwicklung allein den seinerzeit üblen Zufahrtsstraßen zuschoben, zum Teil schon jetzt eingetroffen sind. Nachdem die berühmten Heilquellen im Sudetenland für Deutsche und überhaupt alle Europäer diesseits der „Eisernen Vorhänge" unzugänglich geworden sind, wurde Füssing, dessen praktische Heilwirkung und Heilerfolge sich viel schneller in weitem Umkreis herumsprachen, als die amtlich-wissenschaftlichen Gutachten zu folgen vermochten, zu einem Magneten für Heilungsuchende. Noch bevor das hervorragende letzte Gutachten des Balneologischen Institutes München vorlag, kamen Patienten von weither, weil sie einfach an Füssing glaubten und die Heilwirkung an sich selbst verspürten.

Alle hatten aber eine Klage: Die wüsten Zufahrtsstraßen, die manchen Schaden am Kraftfahrzeug nach sich zogen. Wenn die Gemeinden Pocking und Safferstetten nun daran gingen, unter Aufbietung aller ihrer Kräfte eine ordentliche Teerstraße bauen zu lassen, deren Fertigstellung heute gefeiert werden soll, dann wußten die Gemeindeväter, daß sie für die Zukunft beider Gemeinden etwas unternommen haben, dessen volle wirtschaftliche Auswirkungen erst in einiger Zeit sichtbar werden können.

Seit Anfang November ist es nun soweit. Während man vorher nur im Schneckentempo fahren konnte, gleiten heute die Wagen auf der neuen und begradigten Teerstraße nur so dahin. Kaum hat man, von Pocking kommend, Angering hinter sich, sieht man auch schon die Therme und glaubt das erstemal gar nicht, schon in Füssing zu sein.

Die ersten praktischen Auswirkungen des Straßenbaues spiegeln sich in der Unternehmerinitiative. Kaum wurde die Straße gebaut und damit das Interesse des Staates und der anliegenden Gemeinden bekundet, setzte auch eine erhöhte private Bautätigkeit ein. Ein Privatunternehmer aus der Pockinger Gegend ließ einen Hotelbau beginnen, der an Größe und vorauszuahnendem Komfort alles bisherige in den Schatten stellt. Der Füssinger Gastwirt begann, hinter seinem bisherigen kleinen Betrieb ein wesentlich größeres Gebäude zu erbauen, eine Tankstelle wurde errichtet und hinter der hölzernen Autogarage entsteht ein massiver Garagenbau, in dem die Fahrzeuge der Dauergäste untergebracht werden sollen. Die Verwaltung des Thermalbades selbst führt laufend kleinere Anbauten, sowie Verbesserungs- und Verschönerungsarbeiten aller Art durch und man übertreibt kaum, wenn man behauptet, alle 14 Tage dort irgendetwas Neues zu sehen.

Von verschiedenster Seite wird angestrebt, den Safferstetten zugewandten, unvollendeten Hotel-Rohbau nutzbringender Verwendung zuzuführen und in der Planung befinden sich bereits wieder zahlreiche neue Vorhaben. Feststehen dürfte, daß durch die Vollendung der Straße der Zustand der Stagnation überwunden wurde und daß es, besonders im kommenden Frühjahr, mit Füssing schneller vorangehen wird, als je zuvor.

Erfreulich ist ferner, daß alle verantwortlichen Stellen darauf hinarbeiten, planloses Bauen, Grundstücksspekulationen und alle anderen unangenehmen Nebenerscheinungen von vornherein unmöglich zu machen und daß alles darauf abzielt, Füssing eines Tages nicht nur bezüglich seiner anerkannten Heilwirkung, sondern auch hinsichtlich seiner baulichen und landschaftlichen Gestaltung, sowie seiner gastronomischen Leistungen zu einem in jeder Hinsicht vollwertigen Heilbad zu machen.

Die erste Voraussetzung zur Durchführung all' dieser Pläne und Bestrebungen, deren Auswirkungen eines Tages nicht nur in Safferstetten, sondern ebenso auch in Pocking und Rotthalmünster spürbar sein werden, schufen die Männer, die heute die Hebefeier vereint.

PNP vom 19. Dezember 1953

99

Erweiterungsbau bei Füssinger Therme

Füssing. Der Anbau an der Südseite des Thermalbades, mit dessen Errichtung Ende September begonnen worden war, wurde termingemäß am Wochenanfang fertiggestellt. Die früher an dieser Stelle befindliche Radunterstellung, sowie der Gartenkiosk wurden verlegt und an Stelle dieser Baulichkeiten der Erweiterungsbau aufgeführt. Dieser umfaßt eine umbaute Fläche von etwa 126 Quadratmetern und enthält neben einem großen Trockengymnastikraum auch zwei Massagekabinen und einen Speisesaal. Die bestehende Liegehalle erfuhr durch den Neubau eine Erweiterung um 65 Quadratmeter. Die Bauarbeiten wurden durch die Pockinger Baufirma Lex durchgeführt; die Kosten derselben betragen einschließlich der notwendigen Inneneinrichtung rund 25 000 DM. Der Neubau wurde mit einer von der Badeleitung veranstalteten Weihnachtsfeier für die Angestellten der Therme in Benützung genommen, an der auch Dir. Emil Gundermann und Badearzt Dr. Hoenig teilnahmen. Masseur Baier in der Rolle des Weihnachtsmannes trug als lebende Badezeitung wesentlich zur Erhöhung der Stimmung bei. Als Weihnachtsgeschenk überreichte Frau Bauer namens der Belegschaft an Dir. Gundermann eine Stehlampe.

PNP am 23.12.1953

Nummer 191

Regierung fördert private Bautätigkeit in Füssing

Das Ergebnis der Regensburger Besprechungen vom 24. Nov.

Griesbach. Wie wir schon kurz berichteten, fand am 24. November in Regensburg eine Besprechung über die Zukunft des Thermalbades Füssing statt, bei der unser Landkreis, bzw. die interessierten Gemeinden Pocking und Safferstetten, durch Landrat Dr. Wimmer, Baurat Winkler, Bürgermeister Nöbauer und zwei Füssinger Grundbesitzer vertreten waren.

Der Regierung von Niederbayern/Oberpfalz stehen aus Bundesmitteln gewisse Summen zur Verfügung, um wichtig erscheinende Projekte in Niederbayern zu fördern. Die Regierung fand sich nun bereit, einen Betrag von 200 000 DM für Füssing zur Verfügung zu stellen, mit dem besonders vielversprechend erscheinende Bauprojekte gefördert werden sollen. Es ist geplant, den Gesamtbetrag von 200 000 DM ungefähr zu drei gleichen Teilen und unter günstigen Zinsbedingungen Interessenten zur Verfügung zu stellen, die in Füssing bauen wollen und die nötigen Sicherheiten aufweisen können.

Um in den Genuß eines solchen Darlehens zu kommen, müssen die Bewerber entsprechende Anträge an die Regierung richten, in denen die Voraussetzungen und die Finanzierung des geplanten Projektes ausführlich erläutert sind.

Entgegen anderslautenden Gerüchten ist Tatsache, daß bisher nur der Gastwirt Holzapfel, der seit Jahren in Füssing eine kleinere Restauration betreibt, ein entsprechendes Gesuch bei der Regierung eingereicht hat. Es besteht also durchaus noch die Möglichkeit, sich zu bewerben, soweit die nötigen Sicherheiten nachgewiesen werden können, teilt uns das Landratsamt mit.

In diesem Zusammenhang dürfte noch von Interesse sein, daß in Füssing jetzt das große Gesamtgutachten des „Balneologischen Institutes München" eintraf, in dem bestätigt wird, daß in Füssing „außerordentlich günstige Erfolge" bei der Behandlung bestimmter Krankheiten erzielt worden seien und das sich auch im Allgemeinen günstiger, als je erwartet, über die Heilwirkung der Therme äußert.

PNP am 07.12.1953

16. III. 1954

Die neue Teerstraße nach Füssing tut Wunder

128 Autos wurden am Sonntag vor der Therme gezählt

Pocking. Anscheinend sollen die ohnehin im Aussterben begriffenen Pessimisten bezüglich Füssing's schneller ihre Schlacht verlieren, als man je zu erwarten wagte. Obwohl einige Inneneinrichtungen des Thermalbades wegen Renovierungsarbeiten noch einige Tage außer Betrieb sind, herrscht in Füssing ein Treiben sondersgleichen und es hat jetzt schon den Anschein, als ob die Parkmöglichkeiten bald nicht mehr ausreichen würden.

Wir kamen zufällig am vergangenen Sonntag um 15 Uhr durch Füssing und konnten feststellen, daß die großen Parkplätze bis zum Rand mit Wagen vollgestellt waren und überhaupt nicht mehr ausreichten, denn in jeder Einfahrt standen Autos und längs der Straße stand eine dichte Wagenreihe bis fast zum Ortseingang von Safferstetten. Insgesamt wurden 128 Fahrzeuge gezählt, unter denen sich mehrere VW-Kleinomnibusse und auch etliche österreichische Fahrzeuge befanden. Motorräder sind hierbei nicht mitgezählt.

In beiden Freibadebassins herrschte Hochbetrieb und auch die Füssinger Gasthäuser hatten lebhaft zu tun. — Ein Vergleich mit den Vorjahren zwingt zu der Feststellung, daß hier vor allem die neugebaute Teerstraße Wunder getan hat. Wenn früher Hochbetrieb war, handelte es sich um Leute, die mit Fahr- u. Leichtmotorrädern aus der näheren Umgebung kamen. Heute dominieren elegante Wagen mit auswärtigen Nummern, die Leuten gehören, die ihre Füssing-Fahrten nach einem Versuch auf der früheren, mörderischen Straße solange einstellten, bis die Straße geteert war und nun umso lieber wiederkommen. — Wer am Sonntag in Füssing war, muß denen rechtgeben, die den Straßenbau gegen alle Widerstände durchsetzten.

Unser oberes Foto zeigt nur ein Drittel des Parkplatzes. Bis fast nach Safferstetten standen die Wagen noch längs der Straße, insgesamt waren 128 zu zählen. — Unser unteres Bild zeigt das ältere der beiden Freibadebassins am Sonntagnachmittag. — Im neuen Bassin rührte sich noch erheblich mehr. Ein vielversprechender Anfang für das erste Jahr mit ordentlichen Straßen und Verkehrsverbindungen! Riedler (2)

In Füssing wurde das erste Kurhaus fertiggestellt

14. 11. 1957

Es enthält den ersten Restaurationsbetrieb für anspruchsvollere Gäste

Das Badehotel Holzapfel, wie man es vom Thermalbad aus sieht. Foto Riedler (2)

Füssing. Am morgigen Sonntag wird in Füssing das erste Kurhotel offiziell seiner Bestimmung übergeben. Bauherr ist der bisherige Pächter der Restauration Thermalbad, Josef Holzapfel, der für den Bau des Gebäudes zwar als letzter in Angriff genommen hat, ihn jedoch als erster vollenden konnte. Der von dem Dingolfinger Hotelbesitzer Raßhofer im Jahre 1951 begonnene Hotelbau ging im letzten Frühjahr, nachdem er fast drei Jahre als Rohbau die Gegend verunzierte, in den Besitz des Eggenfeldener Verkehrsunternehmers Schönberger über und befindet sich gegenwärtig im Ausbau.

Ein im vorigen Herbst begonnener Großbau gedieh ebenfalls nur bis zur Rohbauerstellung. Ein Fertigstellungstermin ist nicht abzusehen.

Das Gastwirtsehepaar Holzapfel kam im Jahre 1949, kurz nachdem die Bayer. Mineralölindstrie AG mit dem Ausbau des Thermalbades begonnen hatte, nach Füssing. Holzapfel, der in der Zeit vor dem Kriege lange Jahre auf Passagierdampfern der deutschen Handelsmarine und später in Rio de Janeiro tätig war, war nach dem Zusammenbruch gezwungen, sich eine neue Existenz aufzubauen. Der nunmehr vollendete Neubau beweist, daß er, der sich in Füssing aus kleinsten Anfängen emporarbeitete, diesen Kampf bestanden hat. Jedoch lehnt er bescheiden alle Glückwünsche ab und weist auf die Mithilfe seiner Frau, sowie die seiner Mutter und seines Bruders, die ihm die schwere Zeit hindurch mit Rat und Tat zur Seite standen, hin.

Das von dem Pockinger Bauunternehmer Lex nach den Plänen des Architekten Feldmaier erbaute Hotel wird viel zur weiteren Beliebtheit des Thermalbades beitragen. Das äußere Bild und die geglückte praktische Raumaufteilung stellen, ebenso wie die Bauausführung, dem Baumeister und dem Architekten das beste Zeugnis aus. Die Ausführung der Zimmererarbeiten lag in Händen des Malchinger Zimmermeisters Karl Becker, die zum Bau benötigten Kaiser-Katzenberg-Decken und Betonbimssteine lieferten die Gebr. Ammermüller aus Kirchham. Im Kellergeschoß ist die mit modernen Geräten ausgestattete Wirtschaftsküche, die mit einem Speisesaufzug mit dem Obergeschoß verbunden ist, der Heizraum für die Zentralheizung (eingerichtet von dem Passauer Ingenieurbüro für wärmetechnische Anlagen A. Burke KG) und neben Lager- und Wirtschaftsräumen ein geräumiges Bierstüberl für etwa 60—70 Gäste untergebracht. Weiter befinden sich dort die für einen zeitgemäßen Gasthofbau unentbehrlichen Kühlanlagen, geliefert von den Münchener Firmen Weidenhaff und Mahla (Isolierung). Der durch ein Vestibül zu erreichende helle Speisesaal im Erdgeschoß bietet in seiner gediegenen Ausstattung und seiner behaglichen Freundlichkeit jene einladende Atmosphäre, die Gäste eines Bades erwarten können. Der Saal und ebenso das anschließende kleinere Frühstückszimmer, bzw. Café, sind durch große Glastüren mit der Terrasse und dem rund 1000 Quadratmeter großen Hotelgarten verbunden. Bierstübchen und Garten werden allerdings erst während der Wintermonate fertiggestellt. Neben den Wohnräumen des Wirtspaares, dem Büro und sanitären Anlagen umfaßt das Erdgeschoß fünf gutausgestattete Fremdenzimmer. Selbstverständlich ist diese Anzahl völlig ungenügend, jedoch wurde der Unterbau des Gebäudes so angelegt, daß jederzeit eine Aufstockung um zwei Geschosse möglich ist. Nach den vorliegenden Plänen wird das Hotel nach endgültiger Fertigstellung 32 Fremdenzimmer umfassen.

Die beteiligten heimischen Handwerks- und Lieferfirmen haben einen überzeugenden Beweis ihrer Leistungsfähigkeit und ihres Könnens abgelegt. Die sanitären Anlagen und der Speisesaufzug wurden von den Firmen Ludwig Uttenthaler, Waldstatt, und Franz Holzapfel, Malching, — letzterer führte auch die Spengler- und Glaserarbeiten aus — geliefert und montiert. Die Schreinerarbeiten führte der Safferstettener Bau- und Möbelschreiner Anton Bruckmeier aus, der auch einen Großteil der geschmackvollen Inneneinrichtung lieferte. Die Möbel der freundlichen Fremdenzimmer, sowie die für die Gasträume stammen aus der Werkstätte der Firma Katzbichler & Sohn in Ortenburg. Besondere Sorgfalt wurde der Ausstattung der Betten zugewendet. Die Betten, Daunendecken, Bettwäsche und Reformunterbetten kamen von der Rottaler Bettfedern- und Daunenfabrik E. Hingerl & Co aus Bayerbach. Die Parkettböden wurden von dem Rottaler Parkettwerk Alfons Weber in Pocking (Dampfsäge- und Hobelwerk) geliefert und fachmännisch auf Asphaltunterlage verlegt. Die Elektroinstallation führte der Würdinger Elektrounternehmer Anton Meier aus, der auch die geschmackvollen Beleuchtungskörper lieferte. Fußbodenbelag, Wandbespannung und Teppiche, die soviel zur guten Ausstattung der Räume beitragen, stammen aus dem Polstermöbelhaus A. Berger (Inhaber Held) aus Pocking. Die Lackierer- und Malerarbeiten wurden von dem Pockinger Malermeister Albert Hecht ausgeführt. Geschirre und Bestecke lieferte die Firma Wallenfels aus Pfarrkirchen. Unerwähnt soll auch nicht bleiben, daß die Biere aus der Innstadt-Brauerei Passau kommen, deren guter Name für Qualität bürgt.

1958

Fremdenverkehrsverein in Füssing gegründet

Erster Vorsitzender wurde der Bauer Franz Ortner

Safferstetten. Am Mittwoch wurde im Gasthaus Freudenstein eine gut besuchte Versammlung aller am Fremdenverkehr in Füssing Interessierten abgehalten. Auf Einladung der Gemeindeverwaltung sprachen der Leiter des Fremdenverkehrsvereins Passau, Oberstudiendirektor Dr. Zilk, sowie Verkehrsdirektor Gassenhuber aus Passau. Die Teilnehmer sowie die beiden Gäste wurden namens der Gemeindeverwaltung von dem Gemeinderat und Mitglied des Zweckverbandes Füssing, Max Frankenberger, begrüßt.

Dr. Zilk erörterte einleitend die Aufwärtsentwicklung des Badeortes, zu dem Safferstetten durch einen Zufall, nämlich durch die Entdeckung der Therme im Jahre 1938 gelegentlich von Ölbohrungen, gekommen sei. Das Thermalbad sei bereits in ganz Westdeutschland und darüber hinaus auch im Ausland bekannt geworden. Verschiedene Umstände hätten zur Folge gehabt, daß die Entwicklung verzögert wurde und besonders der Bau von Hotels und Unterkunftshäusern, von einem Kurhaus zu schweigen, ins Hintertreffen geraten sei. Außer einigen wenigen modernen Bauten sei eigentlich nichts vorhanden. Rundheraus gesagt mache Füssing keinen guten Eindruck. Es wäre sträflich leichtsinnig, sich mit dem bisher Erreichten zu begnügen und alles der Initiative des einzelnen zu überlassen.

Es gehe auch nicht an, sich nur auf die „hohe Obrigkeit" zu verlassen. Wer sich nicht selbst helfe, dem helfe auch Gott (sprich Kreisverwaltung, Bezirkstag, Regierung) nicht. Die Möglichkeiten der kleinen ländlichen Gemeinde seien zu gering. Ein naheliegender Weg sei, einen Fremdenver-kehrsverein mit dem Ziel der Fremdenwerbung zu gründen, in dem alle interessierten Kreise, also alle, die am Fremdenverkehr verdienten, zusammengeschlossen seien. Es dürfe dies kein Verein im landläufigen Sinne sein. Fremdenverkehr sei ein Schlüsselgewerbe. Passau beispielsweise hätte hieraus einen jährlichen Umsatz von etwa 8 Millionen DM. Der neue Verein müsse sich eine Satzung geben und müsse der Schwerpunkt für Werbung, Zimmervermittlung, Auskünfte aller Art und alle mit dem Fremdenverkehr zusammenhängenden Fragen werden. Er müßte auch Ideen und Impulse haben. Dr. Zilk erörterte anschließend die Arbeit des Fremdenverkehrsverbandes und die Verhältnisse in Passau und einigen Badeorten und bezeichnete es als unverzeihliche Unterlassungssünde, nicht dafür zu sorgen, daß Füssing wirklich ein Kur- und Badeort werde. Seine Ausführungen fanden lebhaften Beifall.

Die überwiegende Mehrheit der Versammlungsteilnehmer stimmte der Gründung eines Fremdenverkehrsvereins zu. Die unter der Leitung von Dr. Zilk vorgenommene Wahl der Vorstandschaft nahm einen lebhaften Verlauf. Schließlich wurde, da Frankenberger wegen Arbeitsüberlastung ablehnte, mit Stimmenmehrheit der Bauer Franz Ortner aus Füssing zum ersten und Max Frankenberger, Zwicklarn, zum zweiten Vorsitzenden gewählt. Weitere Vorstandschaftmitglieder wurden der Zollbeamte Thomas Albrecht (Schriftführer) und der Füssinger Cafétier Paul Kaiser (Kassier). Vereinsdiener wurde der Landwirt Max Mailhammer aus Safferstetten. In Kürze soll ein Arbeitsausschuß gebildet werden. fr

PNP Mitte März 1958

103

Europas heißeste Heilquelle wurde vor 20 Jahren entdeckt

Das Thermalbad Füssing begann in einer verlotterten Bretterbude

Die Vorderansicht beweist, daß die Badeanlagen noch in den Kinderschuhen stecken und hier noch allerhand getan werden muß, bevor Füssing Kurort wird.

Safferstetten. Heute jährt sich zum 20. Male der Tag, an dem in der Pockinger Heide bei der bis dahin völlig unbekannten kleinen Ortschaft Füssing Europas heißeste Heilquelle gefunden wurde. Sie verdankt ihre Entdeckung einem Zufall. Wie in vielen anderen Gebieten, ließ die Regierung des „Dritten Reiches" auch in Niederbayern Erdöl-Probebohrungen vornehmen. Als in der Nacht zum 6. Februar bei den von der Bayerischen Mineralindustrie AG durchgeführten Bohrungen aus einer Tiefe von 930 Metern übelriechendes Wasser aus dem Bohrloch zu sickern begann, wußten die Fachleute, daß die Suche nach Öl vergebens gewesen sei. Die Vermutung wurde zur Gewißheit, als etwa 14 Tage später ein heißer Wasserstrahl aus dem Bohrloch sprudelte und die in der Nähe beschäftigten Arbeiter und Ingenieure bis auf die Haut durchnäßte. Einsichtige Männer verhüteten die geplante Zuschüttung der Quelle, obwohl niemand sofort deren Bedeutung erkannte.

Die Jahre des Krieges ließen die Quelle fast in Vergessenheit geraten. Im Jahre 1945, als in Waldstatt ein DP-Lager entstand, kam sie unter IRO-Verwaltung. Es wurde eine notdürftige Bretterbude errichtet. Die Benutzung blieb ausschließlich den jüdischen Lagerinsassen vorbehalten. Erst im April 1949 wurde die Thermalquelle ihren Eigentümern zurückgegeben. Die Badeeinrichtungen, soweit sie diesen Namen überhaupt verdienten, befanden sich zu diesem Zeitpunkt in einem kläglichen Zustand. Durch die verwahrloste rissige Bretterhütte blies der Wind. Neben einer primitiven Rohrleitung waren dreißig verschmutzte Betonhalbwannen so ziemlich alles, was vorhanden war. Die Mineralindustrie AG begann sofort mit der Erbauung von Badeanlagen und setzte diese Arbeiten bis zum Jahre 1954 fort.

Neben einem Badegebäude und einem Arzthaus enstand ein zweites Badebecken. Der Quellkeller wurde umgebaut und die medizinischen Einrichtungen geschaffen. Im Jahre 1955 erfolgte die Anerkennung des Thermalbades durch alle sozialen Kostenträger. Die Früchte dieser Arbeiten blieben nicht aus. Die Besucherzahlen erhöhten sich von Jahr zu Jahr. An manchen Sommertagen wurden oft weit über 1000 Besucher gezählt.

Die gesundheitsfördernden Eigenschaften der Heilquelle wurden allmählich bekannt. Sie kommt aus Jura-Schichten und gehört mit einer Minutenschüttung von rund 3000 Litern zu den ergiebigsten und mit ihrer Temperatur von 52 Grad Celsius zu den heißesten Quellen Europas. Ein vom balneologischen Institut der Universität München ausgearbeitetes Gutachten charakterisiert sie als alkalische Kochsalz-Schwefeltherme. Als solche wurde sie 1950 vom Bayerischen Innenministerium als Heilquelle anerkannt. Die balneologisch-therapeutischen Möglichkeiten ähneln denen von Warm Springs, USA. Gute Erfolge wurden bei Lähmungserkrankungen rheumatischen und neuralgischen Charakters, sowie bei Gelenkentzündungen und Ischias erzielt. Auch bei Hautkrankheiten, sowie bei chronischen Frauenleiden und peripheren Kreislaufstörungen wurden oft überraschende Heilerfolge festgestellt. Durch Trinkkuren übt das Quellwasser umstimmende Wirkungen auf den Darm aus.

Im Jahre 1955 entschloß sich die BMI zum Verkauf der Therme, da deren Ausbau Aufgaben mit sich brachte, die außerhalb ihres eigentlichen Geschäftsbereiches lagen. Ende Juli wurden die Anlagen von der neugegründeten „Thermalbad Füssing GmbH" erworben. Seinen eigentlichen Aufschwung hat Füssing trotz der starken Bautätigkeit der letzten Jahre noch vor sich. Eine wichtige Voraussetzung erfüllte die kleine Gemeinde Safferstetten gemeinsam mit der Gemeinde Pocking, als sie die Asphaltstraße Safferstetten—Füssing—Pocking erbaute, obwohl sie damit eine Schuldenlast auf sich nahm, die den Gemeindehaushalt auf lange Jahre hinaus belasten wird. Da der Ausbau Füssings weite Kreise auf den Plan rief, die — oft aus Spekulationsgründen — die Errichtung von Unterkunfts- und Pensionshäuser beabsichtigten, hat die Gemeinde Safferstetten im Jahre 1950 einen Bebauungsplan ausarbeiten lassen, durch den das Gelände in fünf Zonen eingeteilt wurde. Die Grundstücksbesitzer im Badegelände begannen im Herbst des Vorjahres mit einer Baulandumlegung, die jetzt vor dem Abschluß steht.

Die Unterkunftsmöglichkeiten, eine Frage, die bisher viele Schwierigkeiten bereitete, erfuhren durch die zahlreichen Neubauten eine bedeutende Ausweitung. Neben einem Kurhotel und zwei Hotelrestaurants wurden mehrere Pensionsgebäude erbaut, so daß heuer nach Fertigstellung mehrerer begonnener Bauten mit rund 300 Betten gerechnet werden kann. Das A und O des weiteren Ausbaues des Bades ist die Durchführung der Erschließungsarbeiten, das heißt die Anlegung eines Wegenetzes und einer Abwässeranlage, der Strom- und Trinkwasserversorgung usw. Da die Gemeinde Safferstetten außerstande war, Arbeiten solchen Ausmaßes durchzuführen, bildete sich im Jahre 1956 der Zweckverband Füssing, dem neben Safferstetten und Pocking auch der Kreis angehörte. Der Verband begann

Auf dieser etwa 1951 entstandenen Aufnahme sieht man noch hinter den geöffneten Türen die von den DP's aufgestellten Betonrohre, Füssings erste primitive Badewannen.

vielversprechend. Im Laufe des Vorjahres wurde die Wasserleitungsanlage fertiggestellt, die in den nächsten Tagen in Benützung genommen wird.

Der Beitritt des Bezirks Niederbayern im Oktober 1957 brachte eine Umbildung des Zweckverbandes mit sich. Die Vorarbeiten zum Bau der Entwässerungsanlage sind jetzt so weit gediehen, daß mit der Inangriffnahme der Arbeiten im Frühjahr gerechnet werden kann. Auch der Teilausbau des Straßennetzes im Erschließungsgebiet ist vorgesehen. Ebenso wichtig wie die Erschließungsarbeiten ist allerdings auch der großzügige Ausbau der Badeanlagen und -einrichtungen selbst.

Füssing - eine Attraktion, aber noch kein Heilbad

An Sonntagen Hochbetrieb — Kurgäste wenig begeistert

Sonntags sind jetzt im Mai wieder Freibassins und Parkplätze voll, aber die Woche über ist es relativ ruhig. Richtiger Kurbetrieb würde sicher auch der Thermalbad-GmbH das ganze Jahr über höhere Einnahmen bringen und darüber hinaus der Wirtschaft des ganzen Landkreises mehr dienen als diese paar Rekordsonntage.

Pocking. Nachdem der Frühling nun endlich seinen Einzug gehalten hat, herrscht an allen Wochenenden und an Feiertagen im Thermalbad Füssing der für die Jahreszeit übliche Hochbetrieb. Alle drei Schwimmbecken sind ebenso voll mit Badenden wie die Parkplätze mit Autos. Bei diesem Sonntagshochbetrieb handelt es sich jedoch fast ausnahmslos nicht um Kurgäste oder Heilungsuchende, sondern um jüngere Badebesucher aus dem Hundertkilometerradius, denen es eben Spaß macht, im Thermalwasser zu baden, oder die die Badesaison früher beginnen wollen, als dies normalerweise möglich ist, weil die Lufttemperaturen zwar schon hoch genug, aber die Wassertemperaturen der Flüsse und Seen noch nicht nachgekommen sind.

Die „echten Kurgäste", die als Heilungsuchende wochenlang in Füssing sind, sind wenigstens zum Teil von dem sonntäglichen Treiben nicht übermäßig begeistert. Füssing marschiert immer mehr Kurs „Gau-

dibad" und entfernt sich langsam immer mehr von dem, was es auf Grund der anerkannt hervorragenden Eigenschaften des Thermalwassers eigentlich nun schon längst sein müßte, nämlich ein wirkliches Heilbad.

Daß Füssing sich nicht weiterentwickelt, liegt nicht zuletzt daran, daß die Thermalbad-GmbH immer noch keinen „Wasservertrag" unterzeichnet hat. Niemand kann jedoch das Risiko eingehen, Sanatorien zu bauen, ohne bindend zu wissen, was für ihn das Thermalwasser kostet. Der Zweckverband — hier besonders der Bezirk Niederbayern — ist nicht mehr bereit, weitere Hunderttausende in die Erschließung Füssings (Kanalisation, Straßenbau, Landschaftsgestaltung) zu stecken, ohne daß die GmbH endlich zu angemessenen Gegenleistungen bereit wäre. In Kürze finden neue Verhandlungen statt, an deren Ergebnis es liegen wird, ob Füssing weiter eine Attraktion bleiben muß oder reguläres Heilbad werden kann.

1960

Hotel Holzapfel in Füssing - noch größer und moderner!

Während das obere Foto die Außenansicht des bedeutend vergrößerten Hotels-Restaurants Holzapfel zeigt, sieht man auf dem unteren Bild den großen Restaurationsraum mit anschließendem Frühstückszimmer.
Bilder: PNP

Füssing. Mit einer Abschlußfeier, an der die Vertreter aller beim Bau beschäftigt gewesenen Bau- und Lieferfirmen sowie Handwerksbetriebe teilnahmen, feiert die Familie Holzapfel heute nachmittag die Beendigung der Bauarbeiten zur Vergrößerung ihres Hotel-Restaurants. Josef Holzapfel gehört zu den Pionieren des Thermalbades. Zu einer Zeit, da der Name Füssings selbst im Landkreis Griesbach noch wenig bekannt war, schätzte er die Bedeutung der damals noch in einer einfachen Bretterhütte untergebrachten Heilquelle richtig ein und setzte auf diese Karte.

Der tatkräftige und unternehmungslustige Mann, der vor dem zweiten Krieg mehrere Jahre auf Passagierdampfern der deutschen Handelsmarine und zwischendurch einige Jahre in Rio de Janeiro tätig war — während des Krieges diente er bei der Kriegsmarine — war nach dem Zusammenbruch und dem vorläufigen Ende der deutschen Seefahrt gezwungen, sich eine neue Existenz zu schaffen. Im Jahre 1949, lange bevor andere dem Thermalbad irgendwelche Zukunftsaussichten zubilligten, eröffnete er in einem Holzgebäude neben dem Bad eine Gastwirtschaft. Die Entwicklung Füssings rechtfertigte seinen Entschluß, wenn auch zunächst einige schwere Jahre durchgestanden werden mußten. Seine Vorsicht schützte ihn vor überstürzten Maßnahmen. Erst im Jahre 1954 konnte er zum Bau eines größeren Hotel-Restaurants schreiten. Mitte November wurde das Gebäude, der erste moderne Neubau Füssings, in Benutzung genommen. Einige Hotelbauten, die aus Spekulationsgründen Jahre vorher begonnen worden waren, blieben in den Anfängen stecken, so beispielsweise der des Dingolfinger Hoteliers Raßhofer und der des Pockinger Schrotthändlers Rosenfeld. Bekanntlich gediehen beide Projekte nur bis zum Rohbau und gingen später in andere Hände über. Als Beweis für Holzapfels vorsichtige Planung mag dienen, daß er 1954 den Bau so anlegen ließ, daß jederzeit eine Aufstockung um zwei Geschosse möglich war.

Im Vorjahr hielt Holzapfel den Zeitpunkt für gekommen, sein Gebäude zu vergrößern. Mit den Bauarbeiten, deren Ausführung die Bauunternehmen J. Dötter & Sohn aus Bayerbach und J. Nassauer aus Malching übernommen hatten, wurde am 20. Oktober 1959 begonnen. Die Aufstockungsarbeiten konnten noch im Herbst beendet werden. Die Innenarbeiten wurden im Winter fertiggestellt, so daß zu Beginn der neuen Saison anstelle der früheren fünf Fremdenzimmer 19 Einzel- und 12 Doppelzimmer für Kurgäste bereitstanden. Es ist überflüssig, zu betonen, daß die Räume nach modernsten Gesichtspunkten eingerichtet wurden und jeden gewünschten Komfort bieten. Die Mehrzahl der Zimmer ist mit Terrassen bzw. Liegebalkons ausgestattet. Der durch ein Vestibül zu erreichende Speisesaal und das geräumige Frühstückszimmer bieten in ihrer gediegenen Ausstattung und ihrer behaglichen Freundlichkeit jene einladende Atmosphäre, wie sie von den Kurgästen gewünscht wird. Im Hinblick darauf, daß sich unter der Gästen viele Gehbehinderte befinden und alle Patienten ruhebedürftig sind, wurden die Stufen des Stiegenhauses niedriger als üblich gehalten und der Ausstattung der Betten besondere Sorgfalt zugewandt. Im Kellergeschoß des Hauses befinden sich auch eine geschmackvoll eingerichtete Bar, die mit modernen Geräten ausgestattete Küche sowie Wirtschafts- und Lagerräume.

Das neue Gebäude gehört zu den schönsten des jungen Badeortes. Das äußere Bild und die geglückte Raumlösung stellen, ebenso wie die solide Bauausführung, Baumeister und Planfertiger das beste Zeugnis aus. Die beteiligten Handwerks- und Lieferfirmen, deren Namen aus den Anzeigen ersichtlich sind, haben einen überzeugenden Beweis ihrer Leistungsfähigkeit und ihres Könnens abgelegt. Josef Holzapfel kann mit Zuversicht in die Zukunft blicken. Sein Aufstieg vom Pächter eines bescheidenen Lokals zum Besitzer eines modernen Hotel-Restaurants spricht für ihn. Für ihn spricht auch, daß er bescheiden alle Glückwünsche ablehnt und auf die Mithilfe seiner Frau Maria hinweist, die, aus einem verwandten Beruf gekommen, ihm eine unentbehrliche Helferin war. In einem kurzen Rückblick auf die Geschichte seines neuen Hauses gedenkt Holzapfel auch voller Dankbarkeit seiner Mutter und seines Bruders Franz, beide aus Malching, die ihn jederzeit unterstützten und ihm mit Rat und Tat zur Seite standen.

PNP Juni 1960 Hotel Holzapfel Eröffnung

107

Füssinger Übernachtungsziffern die dritthöchsten Bayerns

3. 9. 1960

Einführung einer Kurtaxe wird von vielen Seiten gefordert

Safferstetten. Der Fremdenverkehrsverein Füssing-Safferstetten hatte am Dienstag im Gasthaus „Zur Post" in Riedenburg seine Hauptversammlung. Vorstand Kurt Wagner konnte als Gäse unter anderem Landrat Dipl.-Ing. Winkler, den Referenten für Fremdenverkehr beim Landratsamt, Kreisinspektor Wadenspanner, und die Bürgermeister Sanladerer (Ruhstorf) und Frankenberger (Safferstetten) begrüßen. Auch eine Reihe von Füssinger Kurgästen nahm teil, hingegen war kaum die Hälfte der Mitglieder gekommen. Auffallend war, daß fast keines der großen Gästehäuser vertreten war. In der Diskussion wurden fast alle Füssinger Probleme, manchmal allerdings in unsachlicher Weise, erörtert. Landrat Winkler war einmal gezwungen, die unfruchtbaren Darlegungen auf das eigentliche Thema zurückzuführen. Aus dem Abrechnungsbericht von Vorstand Wagner ergab sich, daß die Ausgaben des Fremdenverkehrsvereins eine solche Höhe erreicht haben, daß nur knapp zehn Prozent von den Mitgliedern aufgebracht werden konnten, während der Löwenanteil aus Spenden und Zuschüssen herrührte. Nach langwieriger Debatte wurde die vom der Vorstandschaft vorgeschlagene Neuregelung der Mitgliedsbeiträge angenommen.

Wagner führte u. a. aus, daß der Neudruck von 30000 Zimmernachweisen und 50 000 Prospekten etwa 6100 DM gekostet hätte. Erhebliche Mittel seien für die Führung des Verkehrsamtes (Gehälter, Telefon- und Portoauslagen usf.) notwendig. Auch die in einer holländischen Reisezeitung betriebene Werbung habe einiges gekostet. An Zuschüssen hätten der Landkreis 1500 DM, der Fremdenverkehrsverband Regensburg 800 DM, der Zweckverband „Thermalbad Füssing" 900 DM und die Gemeinde Safferstetten 500 DM beigesteuert. Weitere Mittel stammten aus Spenden von Geschäftsleuten und aus Werbeanzeigen im Zimmernachweis und in den neuen Prospekten. Die Badeverwaltung habe 10 000 Prospekte, allerdings zu den Selbstkosten, abgenommen. Die Weiterführung des Verkehrsamtes stoße auf Schwierigkeiten. Der Zweckverband habe die gemeinsame Haltung des Büros abgelehnt, obwohl er den Gedanken ursprünglich begrüßt habe. Das Verkehrsamt sei, da es täglich von rund 50 Kurgästen aufgesucht werde, die Auskünfte über Unterkünfte, Zugverbindungen, Ausflugsziele usf. wünschten, unbedingt notwendig. Weiter würden von dort aus die vielen Anfragen beantwortet und die Werbeprospekte versandt. Eine Einstellung des Büros würde sich für die Pensionen und anderen Beherbergungsbetriebe verhängnisvoll auswirken. Trotzdem habe man der dort angestellten Kraft vorsorglich kündigen müssen, solange die erforderlichen Mittel nicht gesichert seien. Wagner erläuterte in diesem Zusammenhang die geplante Neuregelung der Mitgliedsbeiträge. Hierfür sei das Gebiet in zwei Zonen eingeteilt worden. Zone I umfasse die direkt in Füssing gelegenen Betriebe und Zone II die anderen Ortschaften der Gemeinde und der Umgebung (Safferstetten, Riedenburg, Angering, Egglfing usw.). Die Beherbergungsbetriebe seien nach ihrer Bettenzahl gestaffelt worden. Vermieter von Fremdenzimmern bis zu einer Zahl von neun hätten in Zone I monatlich 2 DM, in Zone II 1 DM zu zahlen. bei 9 bis 24 Betten würde der Monatsbeitrag in Zone I 5 DM und in Zone II 2.50 DM und bei mehr als 24 Betten 10 DM (5 DM) betragen. Die zuletzt angeführten Beträge müßten auch von Geschäftsleuten

gezahlt werden. Die vorgeschlagenen Beiträge stellten die unterste Grenze dar. Das gesamte Aufkommen sei mit rund 2500 DM errechnet worden und würde bei größter Sparsamkeit zur Weiterführung des Verkehrsamtes ausreichen.

Landrat Winkler meinte, daß der Verkehrsverein eine reine Interessentenvereinigung sei und sich als solche selbst tragen müßte. Der im letzten Jahr gewährte Zuschuß sei als Starthilfe gedacht gewesen. Es sei jetzt an der Zeit, eine gesunde Finanzbasis zu schaffen. Ihm persönlich seien die Sorgen um die Weiterführung des Verkehrsbüros nicht ganz verständlich. Bei der hohen Zahl von etwa 770 Betten müßten sich die notwendigen Mittel unschwer aufbringen lassen. Bürgermeister Frankenberger beantwortete den Appell Wagners an die Gemeinde mit dem Hinweis, daß das kleine, finanzielle Safferstetten das Seine bereits im letzten Jahr getan habe. Es sei klar, daß die Gemeinde sich, wenn sie weitere Mittel zugestehen sollte, an ihre Bürger und da in erster Linie an die wenden müßte, die an Füssing etwas verdienten. Er — Frankenberger — glaube nicht, daß die benötigten Mittel auf freiwilliger Basis aufgebracht werden könnten. Notwendig sei die Einführung der sogenannten Fremdenverkehrsabgabe. Dadurch könnten auch diejenigen erfaßt werden, die vom Bad zwar Vorteile hätten, im übrigen aber immer dann abseits stünden, wenn es ans Zahlen gehe. Frankenberger bemängelte in diesem Zusammenhang den Mangel an Ehrlichkeit bei der Anmeldung von Kurgästen. Es sei unglaubwürdig, daß die Übernachtungszahlen trotz der starken Bautätigkeit des letzten Jahres nur unerheblich gestiegen sein sollen, obwohl der Besuch des Heilbades gerade in diesem Jahr sehr zufriedenstellend sei.

Schriftführer Albrecht betonte, daß die Tätigkeit des Verkehrsvereins daran kranke, daß er ausschließlich auf die bescheidenen Mitgliedsbeiträge angewiesen sei. Es stünde nicht einmal Geld zur Aufstellung einer Bank zur Verfügung. Er würde die Einführung einer Fremdenverkehrsabgabe sehr begrüßen, um so mehr, als die Gemeinde die Möglichkeit habe, diese einfach einzuheben, während der Verkehrsverein nur bitten könne. Kassier Kaiser unterstrich, daß die Auflassung des Verkehrsbüros eine Riesenblamage sein würde. Die Einführung der neuen Mitgliedbeiträge ändere nichts an der Ausnahmestellung der großen Häuser, die abseits stünden und an der Tätigkeit des Verkehrsvereins uninteressiert seien. Er als Besitzer eines winzigen Cafés habe beispielsweise den gleichen Mitgliedsbeitrag zu zahlen wie das größte Unternehmer Füssings. Es sei beschämend, daß im Vorjahr nur zehn Prozent der notwendigen Mittel aus eigener Kraft aufgebracht werden konnten, und der Rest aus „Bettelgeld" resultiere. Er hoffe, daß sich die Verhältnisse im kommenden Jahr nach der Eröffnung des neuen Kurmittelhauses ändern würden. Bürgermeister Sanladerer betonte die Wichtigkeit der Werbung, die im heutigen Wirtschaftsleben das A und O aller Dinge sei, und erklärte mit seiner gewohnten Offenheit, daß er von den Füssinger Verhältnissen den Eindruck habe, daß hier die „Kleinen für die Großen" bettelten.

Kreisrat Stopp, der hierauf das Wort ergriff, stellte fest, daß die Gemeinde in keiner Weise angegriffen werden soll. Er sei froh, daß er aus den Äußerungen Bür-

108

germeister Frankenbergers entnehmen könne, daß bereits Vorgespräche zur Einführung der Kurförderungsabgabe geführt worden seien. Für die Kurgäste müsse noch sehr viel getan werden. Er bitte die Gemeinde um schnellstmögliche Verwirklichung, da der Verkehrsverein sonst nie aus seiner Krisenstellung herauskäme. Man müsse den Mut aufbringen, die gesetzlichen Möglichkeiten auszuschöpfen, im Interesse Füssings, der Gemeinde und des Kreises. Diese Mittel müßten hauptsächlich für Werbezwecke ausgegeben werden. Die Fernsehsendungen und die Füssinger Aufnahmen in den Wochenschauen hätten einen unvermuteten Erfolg gehabt. Dies sei aus den seltsamen Anschriften vieler Schreiben, die dem Verkehrsamt in der Folgezeit zugestellt wurden, ersichtlich gewesen. Die nachfolgende Diskussion, bei der einige Zwischenredner vom hundertsten ins tausendste gerieten, wurde von Landrat Winkler beendet, der ersuchte, endlich auf den Kern der Sache zu kommen. Bei der Abstimmung wurde die von der Vorstandschaft geforderte Neuregelung dann mit allen gegen zwei Stimmen angenommen.

Auf Aufforderung Wagners sprach hierauf Kreisinspektor Wadenspanner über Fragen der Eigenhilfe und der Ortsverschönerung. Er schlug vor, sich einen ganzen Abend mit diesen Problemen zu beschäftigen. — Die in Rotthalmünster für das Gastgewerbe durchgeführten Kurse hätten gute Erfolge gezeitigt. In Ruhstorf, Kößlarn, Haarbach, Reutern usw. sei viel zur Verschönerung des Ortsbildes getan worden. In Safferstetten würden die Verhältnisse in zehn Jahren gänzlich anders sein. Es heiße, sich rechtzeitig auf die bereits angebahnte Entwicklung einzustellen. Er habe sich hierfür der Gemeinde bereits einige Male angeboten, ohne auf viel Gegenliebe gestoßen zu sein. Einem Zwischenrufer, der fragte, wann endlich die ungeteerte Straßenlücke in der Ortsdurchfahrt beseitigt würde, antwortete Landrat Dipl.-Ing. Winkler, der erklärte, daß dies jederzeit geschehen könne. Der Grund für die bisherige Nichtteerung sei ein hervorspringendes Gebäude. Der Landkreis habe sich, da dieses Haus beseitigt werden müßte, zur Übernahme eines Kostenzuschusses bereit erklärt, werde aber nicht mehr lange warten, ob der Vorschlag angenommen werde. Wenn das Straßenstück jetzt geteert werde, würde das den Verkehr stark behindernde Holzhaus noch in fünfzig Jahren dort stehen, der Verkehr aber werde sich um die Ortschaft herum bewegen.

Das Schlußwort wurde von Kreisrat Stopp gehalten, der einleitend über die von Redakteur Klaus Riedler verfaßte Broschüre „Ausflugsziele rund um das Thermalbad Füssing" sprach. Das Büchlein sei überall begrüßt und in der Zwischenzeit von vielen Hunderten von Kurgästen gekauft worden. Viele Kurgäste hätten die bezeichneten Sehenswürdigkeiten besucht und hatten den Besuch nicht zu bereuen. Weniger gut trafen es andere in Ortschaften, in denen man auf solche Besuche nicht vorbereitet war. So beschwerten sich einige, daß der Zutritt zu der unbenutzten Kirche nur schwer zu erlangen, das Kirchlein selbst verschmutzt und das Tor mit Brennesselstauden fast völlig zugewachsen sei. Auch andere ähnlich ironische Stimmen wurden laut. Es sei notwendig, an die Gemeinden des Kreises, die über Sehenswürdigkeiten verfügten, zu appellieren, für deren guten Zustand zu sorgen, da es unter den vielen Tausenden von Kurgästen immer solche geben werde, die sich hierfür interessierten.

Stopps weitere Ausführungen betrafen Fragen der Ortsgestaltung in der Umgebung Füssings, die Notwendigkeit von Baumpflanzungen an den Straßenrändern und ähnliches. — Die Versammlung wurde von Vorstand Wagner mit Dankesworten an Landrat Winkler und Kreisinspektor Wadenspanner sowie Bürgermeister Sanladerer, dem er nachträglich zu seinem kürzlich gefeierten 70. Geburtstag gratulierte, beendet.

1. Füssing-Flyer 1959, Auflage 10.000 Stück – Vorderseite

Schon 1800 v. Chr. war nachweislich die Füssinger Gegend von den Illyrern, einem indogermanischen Volke, vor der Einwanderung der Kelten, besiedelt. Ehrwürdige Zeugen dieser Zeit finden sich in Form eines ausgedehnten Hügelgräberfeldes 10 Minuten vom Thermalbad entfernt in Richtung Riedenburg, in den zu einem geruhsamen Spaziergang einladenden Fichtenwaldungen. Dieses uralte Siedlungsgebiet blieb aber doch ein unerschlossener Raum, ungenannt und unbekannt. Wirtschaftliches Interesse gewann Füssing erst im Winter 1937/38, als die Bayerische Mineralindustrie AG unter Direktor Gundermann die Reichsbohrung 405 Füssing I ansetzte, um nach vorherigen geophysikalischen Messungen hier Öl zu finden. Statt dessen kam in der Nacht vom 5. zum 6. Februar 1938 aus einer Tiefe von 936,85 m Wasser aus dem Bohrgestänge, und wenige Tage später schoß ein 52,2 Grad Celsius heißer Wasserstrahl mit einem Eigendruck von 5,2 atü in die Höhe und verhalf den überraschten und enttäuschten Öltechnikern zu einem unfreiwilligen Bad. Weitere Messungen ergaben eine Schüttung von 50 l/sec. Die Ölsuche wurde ergebnislos abgebrochen, aber das Thermalbad Füssing hatte damit seine Geburtsstunde erlebt.

Eine weitere Auswertung der Quelle, zumal 1939 der 2. Weltkrieg entflammte, unterblieb, und erst 1947 wurde sie durch die UNRRA und IRO beschlagnahmt und der Kopfverschluß der Verrohrung für die im nahegelegenen ehemaligen Luftwaffen-Fliegerhorst Waldstatt untergebrachten DP geöffnet. Mit Bodenplatten der Flugzeugrollbahn wurde ein Freibad gebaut, und in einer Bretterbude stellte man als Badewannenersatz 30 Kanalisationsrohre auf, wovon heute noch 4 Stück erhalten geblieben sind. Im Jahre 1949 kam die Quelle wieder in den Besitz der BMI, und durch die immer lauter werdende Mundpropaganda und die damit steigende Besucherfrequenz wurden von der Ölgesellschaft weitere Badeeinrichtungen und ein zweites Freibecken geschaffen. 1950 wurde eine chemische Heilwasseranalyse erstellt und die heiße Schwefel-Kochsalz-Therme als Heilquelle staatlich anerkannt. 1951/52 entstand ein Arztbau, und 1952 wurden vom Balneologischen Institut bei der Universität München wissenschaftliche Untersuchungen und Erfahrungssammlungen angestellt und ein umfassendes medizinisches Gutachten abgegeben. 1953 wurde die ärztliche Leitung des Thermalbades Füssing an Dr. Hoenig, Facharzt für innere Medizin, übergeben, weitere diagnostische und therapeutische Einrichtungen geschaffen und mit sämtlichen bekannten sozialen Kostenträgern Behandlungsverträge für Patienten abgeschlossen. 1955 erbaute Herr Alfons Haßfurter eine Mineralwasserfabrik mit modernsten automatischen Abfüllmaschinen, so daß das entschwefelte und mit Kohlensäure versetzte Füssinger Heilwasser auch in ausgezeichneter Qualität als Tafelwasser getrunken werden kann. Aus verständlichem mangelndem Interesse einer Ölgesellschaft an einer Heilquelle wurde das Thermalbad 1955 an die „Thermalbad Füssing GmbH" unter Herrn Alfons Haßfurter verkauft und in der Folgezeit ein in seiner Art einmaliges Rundbecken und ein Hallenbad mit Liegehallen errichtet. Die Besucherfrequenz stieg durch die auffallenden Heilerfolge immer stärker an, so daß 1953 73 000 und 1957 bereits 179 000 Kurmittel und Freibäder abgegeben werden konnten. 1958 wurden die modernen Räume des Kurheims Claudia zu einer gepflegten Behandlungsabteilung umgestaltet und im gleichen Hause ein Unterhaltungs- und Leseraum geschaffen.

Hauptheilanzeigen

Rheumatische Erkrankungen

primär und sekundär chronische Arthritis und Polyarthritis; Arthrosen und Tendinosen; Muskelrheumatismus

Bandscheibenschäden

Hals-, Brust- und Lendenwirbelsäulensyndrom (Ischias usw.)

Lähmungen

posttraumatische, postpoliomyelitische und postapoplektische Lähmungen

Der 1. „Füssing-Flyer" 1959 – Innenseite 2

Chirurgische Nachbehandlungen

Gelenkversteifungen und Muskelatrophien nach Frakturen und Prellungen, auch mit Sudeck'scher Knochenatrophie und bei Pseudarthrosen und mangelnder Kallusbildung

Dermatosen

verschiedene Dermatitiden, Neurodermitis, Psoriasis
N u r W a n n e n b e h a n d l u n g

Nebenheilanzeigen

Frauenkrankheiten

chronische Adnexitis und Verwachsungsbeschwerden

Kreislauferkrankungen

organische und funktionelle Durchblutungsstörungen (vor allem Bürgersche Krankheit), Hypotonien, auch Hypertonien, ausgenommen maligne Formen

Gegenindikationen

ernstere Herzkrankheiten, insbesondere starke Herzkranzgefäßerkrankungen, dekompensierte Herzklappenfehler und Herzmuskelschäden; Lungentuberkulosen, soweit sie nicht völlig inaktiv sind, sowie alle akuten fieberhaften Erkrankungen

Ärztliche Betreuung

Die ärztliche Betreuung der Patienten erfolgt durch den Facharzt für innere Medizin Dr. Hoenig mit Assistenzärzten und mit hilfsärztlichem Personal. Ärztliche Leistungen werden zu den Sätzen der jeweils entsprechenden Gebührenordnung berechnet. Kassenpatienten wollen vor Antritt der Kur eine schriftliche Kurgenehmigung ihrer Kasse einholen. Sprechstunden nur nach vorheriger Zeitvereinbarung im ärztlichen Sekretariat.
B e s o n d e r e E i n r i c h t u n g e n : Klinisch-chemisches Laboratorium, Röntgendiagnostikgerät, EKG-Apparat, Elektrotherapiegerät, Unterwassergymnastikanlage mit Unterwasserstreckvorrichtung, Überwärmungs- und Unterwasserstrahlmassagewannen, Trockengymnastikraum, Massagekabinen.

Kurmittel:

		DM
Hydrotherapie:		
Mineral-Wannenbad	20 Min.	2,10
Mineral-Luftsprudelbad	20 Min.	2,60
Überwärmungsbad		8,10
Massagen:		
Teilmassage	10 Min.	1,50
Halbmassage	15 Min.	2,—
Ganzmassage	30 Min.	4,20
Unterwasserstrahlmassage	20 Min.	4,70
Krankengymnastik:		
Krankengymnastische Übungen	15 Min.	1,80 — 2,70
Elektrotherapie		2,50 — 5,—
Unterwassergymnastik		4,70
Bindegewebsmassage		3,70

Sonstige Leistungen:

	DM
Thermalschwimmbad (Aufenthalt im Badgelände bis 3 Stunden) bei einmaligem Eintritt	2,—
Thermalschwimmbad bei mehrmaligem Eintritt pro Tag	3,—
Abonnementkarte für 10 Thermalschwimmbäder	15,—
Abonnementkarte für 10 Ganztageskarten	25,—

Wegen der Vielseitigkeit der Indikationen und Behandlungsmöglichkeiten können im Interesse einer individuellen Behandlung keine Pauschalkuren abgegeben werden. Sämtliche Behandlungen können gegen einen Aufpreis von DM 1,— für jede einzelne Behandlung einschl. Nachruhe im Kurheim Claudia (I. Klasse) abgegeben werden. Änderung der Kurmittelpreise vorbehalten.
Für Schäden, die durch Inanspruchnahme von Bädern ohne ärztliche Verordnung entstehen, wird von der Badeverwaltung keine Haftung übernommen.

Weitere Einrichtungen:

S o m m e r u n d W i n t e r

sind zwei Schwimmbäder im Freien und ein Hallenbad in Betrieb

Der 1. „Füssing-Flyer" 1959 – Innenseite 3

1. „Füssing-Flyer" 1959 – Rückseite

113

Notizen

_____

_____

_____

_____

_____

_____

_____

_____

_____

_____

_____

_____

_____

_____

_____

_____